# 인문학
## 브런치
### 카페

# 인문학 브런치 카페
ⓒ임재성, 2015

| | |
|---|---|
| **1판 1쇄 발행** | 2015년 8월 19일 |
| **1판 2쇄 발행** | 2015년 12월 11일 |
| | |
| **지은이** | 임재성 |
| **펴낸이** | 김병은 |
| **펴낸곳** | 프롬북스 |
| | |
| **기획** | 서진 |
| **편집** | 이남경 · 이혜재 · 이현정 |
| **마케팅** | 조윤규 |
| **표지디자인** | 노지혜 |
| **본문디자인** | 정다희 |
| **등록번호** | 제313-2007-000021호 |
| **등록일자** | 2007.2.1. |
| **주소** | 경기도 고양시 일산동구 정발산로 24(장항동 웨스턴돔타워) T1-706호 |
| **문의** | 031-926-3397 |
| **팩스** | 031-926-3398 |
| **전자우편** | edit@frombooks.co.kr |
| | |
| **ISBN** | 978-89-93734-65-2   13320 |

· 값은 뒤표지에 있습니다. 잘못된 책은 구입하신 곳에서 교환해드립니다.
· 이 책은 저작권법에 따라 보호받는 저작물이므로 무단전재와 무단복제를 금합니다.

고민 한 모금, 깨달음 한 조각

# 인문학 브런치 카페

임재성 지음

프롬북스
frombooks

# 카페에 들어가기 전에
## Before Entering the Cafe

● 잠에서 깨어나 아침을 맞이할 때 어떤 마음으로 일어나십니까? 좋은 일이 일어날 것 같은 기대와 설렘인가요? 아니면 아무런 생각 없이 기계처럼 일어나 어제와 같은 오늘을 시작하십니까? 그것도 아니면 그냥 어쩔 수 없이 일어나고 있습니까? 하루를 시작할 엄두가 나지 않아 다시 두 눈을 질끈 감아버리지는 않나요? 과연 얼마나 많은 사람들이 희망을 갖고 기쁜 마음으로 아침을 맞이할까 궁금합니다.

최근 뉴스를 보면 정치와 경제, 교육 등 어느 곳에서도 희망을 발견하기 어렵습니다. 희망이 없다고 생각한 일부 학생과 청년이 스스로 생을 마감하는 일까지 일어나고 있습니다. 어른들도 다를 바가 없습니다. 경제는 점점 어려워지고, 우리는 삶에 행복을 느끼기는커녕 하루하루 마지못해 살아가고 있습니다. 이런 암울한 시대를 우리는 어떻게 극복할 수 있을까요?

　저는 인문학에서 그 답을 찾을 수 있다고 생각합니다. 인문학(人文學)은 말 그대로 '사람에 대해 배우는 학문'입니다. 인간이 인간답게 사는 법을 배우는 거죠. 어떻게 살고, 어디로 갈 것인지 인생의 좌표를 설정할 수 있도록 말입니다. 그래서 최근에 인문학이 유행처럼 번지고 있는지도 모릅니다. 시대가 인문학을 요구하고 있는 거죠.

　그러나 막상 인문학에 접근하려고 하면 두려움이 앞섭니다. 인문학은 어렵다는 인식 때문인데요. 사실 그도 그럴 것이 학자들이 권유한 책을 들춰보면 도통 무슨 말인지 이해하기 힘들 때가 많습니다. 야심차게 마음먹고 도전했다가도 슬그머니 꼬리를 내리고 인문학을 멀리하게 됩니다. 그것을 막고자 이 책을 집필하게 됐습니다. 그렇다고 여기에서 인문학의 거창한 담론과 이론의 습득을 말하려는 건 아닙니다. 여러분이 일상에서 인문학적인 사고로 희망을 품고 삶을 긍정적으로 변화시킬 수 있도록 돕고자 합니다.

스티브 잡스는 "소크라테스와 한나절을 보낼 수 있다면 애플이 가진 모든 기술을 내놓겠다."고 말했습니다. 자신이 이룬 모든 것보다 소크라테스와의 한 번의 만남을 더 가치 있게 여긴 겁니다. 실제로 스티브 잡스는 소크라테스처럼 매일 어떻게 살 것인가를 고민했습니다. 숙고하지 않는 인생은 가치가 없다는 말을 실천하며 스스로 나아갈 길을 개척해간 거죠. 스티브 잡스의 2005년 스탠퍼드대학교 졸업식 강연을 보면 알 수 있습니다.

"저는 지난 33년 동안 매일 아침 거울을 보았습니다. 그리고 제게 질문했습니다. '만약 오늘이 내 인생의 마지막 날이라면, 과연 오늘 내가 하려는 일을 할 것인가?' 며칠 동안 '노!'라는 답이 계속되면서 저는 어떻게든 변해야 한다는 걸 직감했습니다."

그는 스스로에게 질문하고, 그 질문을 삶에 적용시키며 살았습니다. 아마 이것이 그의 성공 비결이었을 겁니다.

인생의 변화는 만남에서부터 시작됩니다. 만나는 사람이 누구냐에 따라 인생은 달라집니다. 인생의 항로를 변경하고 수렁에서 빠져나올 수 있는 방법 역시 만남에 있습니다. 때론 우연한 만남이 삶의 방향을 바꿔놓기도 합니다.

  인문학적 사고로 삶을 이끌었던 이들을 카페에 초대해 그들의 이야기에 귀 기울였습니다. 그들의 삶을 통해 일상에서 고민하던 문제를 스스로 깨닫고, 발견할 수 있기를 바라는 마음에서입니다. 그러니 설레는 마음으로 이 만남을 기대하셔도 좋습니다.

  푸른 잎과 풍성한 가지로 든든하게 서 있는 나무는 아름답습니다. 거센 바람에도 굳건하게 서 있을 수 있는 건 땅속의 뿌리 덕분이죠. 벌레가 우글거리고 바위가 가로막아도 뿌리는 아래로 더 깊고 넓게 뻗어갑니다. 그 깊이와 넓이만큼 나무는 더 풍성해집니다. 비록 오늘 하루가 고단해도 희망을 품고 뿌리를 뻗어가야 합니다. 부디 마음속에 희망이 굳건하게 뿌리내려 기대감을 갖고 설레는 아침을 맞이하길 바랍니다. 부디 이 책이 여러분 삶에 희망의 뿌리를 내리는 데 시작점이 되었으면 합니다.

온 대지가 초록으로 물든 한여름에

임재성

## Menu 1 혼자, 고요한 시간

- # 가치는 인생의 나침반 - 매슬로 ... 16
- # 나는 어떤 사람인가 - 찰스 핸디 ... 21
- # 사색의 이유 - 소로 ... 25
- # 나의 마음 씨앗은 - 아우구스티누스 ... 29
- # 존재하기 위해, 살아가기 위해 - 도스토예프스키 ... 32
- # 소유한다는 것은 - 프롬 ... 36
- # 당신은 어디쯤 날고 있나요 - 리처드 바크 ... 40
- # 삶의 표지를 확인하자 - 코엘료 ... 45
- # 최선은 이런 것 - 만델라 ... 49
- # 지금 이 순간이야말로 - 카잔차키스 ... 52

## Menu 2 내 삶을 위한 티타임

- # 별똥별이 떨어지는 순간 - 바디매오 ... 58
- # 내가 어떤 일을 더 할 수 있을까 - 리버먼 ... 62
- # 우리의 삶은 오늘의 연속 - 칼라일 ... 67
- # 네 잎 클로버를 찾기 전에 - 크라이슬러 ... 72
- # 어제의 나를 이기기 위한 배움 - 루소 ... 77
- # 삶의 태도가 인생을 바꾼다 - 엘리엇 ... 81
- # 기적을 발견하는 일 - 로버트 슐러 ... 86
- # 한 번 더, 또 한 번 - 에드워드 불워 리턴 ... 91
- # 당신이 옳다 - 헨리 포드 ... 95
- # 실수와 실패는 의연하게 - 니체 ... 100

## 냅킨에 그리는 인생 낙서

\# 내 한계는 어디까지일까 - 염구　　　　　106

\# 소박하게 향유하는 것 - 에피쿠로스　　　110

\# 삶의 무게, 고통을 해석해준다 - 베토벤　114

\# 천천히, 가만히, 오래도록 - 왕태　　　　118

\# 사랑, 더 이상 미루지 말자 - 미치 앨봄　123

\# 마음으로 보는 것이 진짜 - 생텍쥐페리　129

\# 소소한 행복, 아름다운 삶 - 윌리엄 제임스　134

\# 공감, 상대를 존중하는 방법 - 크르즈나릭　139

\# 마음의 여유, 웃음의 효과 - 알랭　　　　144

## 달콤한 인생 레시피

\# 자신과 연애하듯 - 젤린스키　　　　　　　150

\# 쾌락, 브레이크를 밟아라 - 아리스토텔레스　154

\# 뜨거운 햇빛, 달콤한 열매 - 피셔　　　　　158

\# 상처에 멋지게 복수하는 법 - 누버　　　　　163

\# 자녀에게 현명한 조언을 - 랜디 포시　　　　168

\# 내 인생의 속도 - 몽테뉴　　　　　　　　　173

\# 여행은 새로운 나를 만나게 해준다 - 아네스 안　177

\# 서두르기 전에 쉬어가자 - 쇼펜하우어　　　　181

\# 온유함은 나를 빛나게 한다 - 톨스토이　　　　187

\# 하루의 밀도 높이기 - 아들러　　　　　　　　191

 보통의 날들, 차 한 잔의 여유

\# 피할 것이냐, 맞설 것이냐 - 스캇 펙                198
\# 눈물로 '뇌'를 리셋하자 - 모즐리                  203
\# 잃어버린 고독 - 지그문트 바우만                 207
\# 나에게 묻고 대답한다 - 칸트                     212
\# 버리고 채우기 - 플라톤                          218
\# 인생의 가장 위험한 순간 - 노자                  222
\# 중년은 또 다른 시작 - 데이비드 베인브리지       226
\# 흔들릴 때, 시 한 편을 꺼낸다 - 릴케              231
\# 한 권의 책, 당신에겐 있나요 - 마키아벨리         237
\# 내 인생을 움직이는 글쓰기 - 브루크너            241

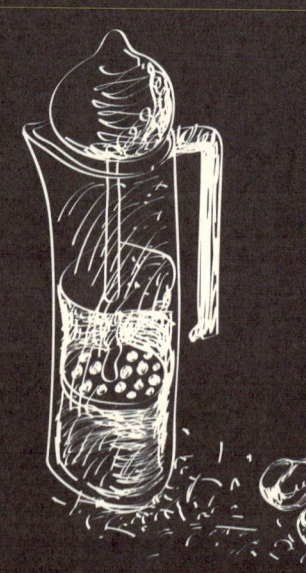

## Menu 6    내 삶의 BGM... 인생 예찬

| | |
|---|---|
| \# 왜 그럴까, 내 인생 - 프랭클 | 248 |
| \# 최선의 선택, 최선의 책임 - 소크라테스 | 253 |
| \# 당신의 배경이 되겠습니다 - 앤 설리번 | 258 |
| \# 함께 사는 세상, 지혜로운 기도 - 타고르 | 263 |
| \# 내게 최고의 영향을 주는 사람 - 공자 | 268 |
| \# 웰 다잉 하기 위해서 - 퀴블러-로스 | 272 |
| \# 내 삶의 필름을 돌려보자 - 프랭클린 | 276 |
| \# 내 인생, 한마디로 표현해볼까 - 카잔차키스 | 281 |
| \# 인생의 겨울을 견뎌내기 - 푸시킨 | 286 |
| \# 숨 쉬는 한, 희망해야 한다 - 키케로 | 291 |

**Menu 1**
# 혼자, 고요한 시간

인생을 살아가는 진리는 밖에서 찾을 수 없습니다. 고요한 시간 안에 머무르면서 진솔한 자신과의 만남을 가져야 합니다. 그럴 때 인생의 가치를 찾을 수 있고 어떻게 살아가야 하는지 방향을 알 수 있습니다.

가치는 인생의 나침반

매슬로

● 살다 보면 중요한 선택의 기로에 자주 놓이곤 합니다. 그때마다 고민하고 망설이며 선택의 불안증을 겪곤 하죠. 인생의 향방이 좌우되는 상황에서는 더 많은 고민이 생기고 더 많은 시간이 걸릴 수밖에 없습니다. 자신의 인생이 걸린 일이니 당연하겠지요. 어떤 선택이 옳은지 쉽게 결정할 수 없을 때 느껴지는 답답함은 자신을 짓누르기까지 합니다. 이럴 때 누군가 "이 길이 정답이야!"라고 속 시원히 말해주면 얼마나 좋을까요? 그러나 자신의 인생이 걸린 일이니 누군가의 조언을 마냥 들을 수도 없는 노릇입니다. 사실 어느 쪽이든 선택에 정답은 없습니다. 옳은 길이냐, 틀린 길이냐의 문제도 아닙니다. 그저 가장 지혜로운 선택을 내리기 위해 최선을 다할 뿐이죠.

모든 선택은 자신의 가치에 따라 좌우됩니다. 평소 자신이 생각했던 인생의 모습 혹은 바람직한 삶의 태도라고 여겼던 생각을 가치라 말할 수 있는데, 이러한 가치는 개개인에게 매우 귀중한 자산입니다. 자신의 가치에 따라 사는 모습도 전혀 다르기 때문입니다.

또한 튼튼한 기둥 없이 세워진 구조물이 작은 태풍에도 쉽게 쓰러지는 것처럼, 수많은 일들에 휩싸이며 사는 우리 인간도 가슴에 품은 가치가 없으면 사소한 어려움에도 휘청이게 됩니다.

에이브러햄 H. 매슬로는 『존재의 심리학』에서 가치의 중요성에 대해 이렇게 말했습니다.

"햇빛이나 칼슘, 사랑이 필요한 것과 마찬가지로 인간이 살아가기 위해서는 가치 체계, 인생철학, 종교 등이 필요하다. 나는 이것을 '이해하고자 하는 욕구'라고 부른다. 가치관이 없을 때 사람들은 쾌감 상실, 아노미, 절망, 냉소 등에 시달리게 된다. 이는 심지어 신체적인 질병이 될 수도 있다. 역사적으로 볼 때 정치적으로나 경제적·종교적으로 외부에서 주어진 모든 가치 체계는 실패했으며, 그 어떤 가치도 그것을 위해 목숨을 걸 만큼 의미 있지도 않았다. (…) 따라서 우리에게는 믿고 헌신할 수 있는 정당하고도 유용한 가치 체계가 필요하다. 우리에게 '믿고 따르도록' 권하기 때문이 아니라 그러한 가치가 진실이기 때문에 따라야 하는 그런 가치 말이다."

그렇다면 지혜로운 가치 찾기는 어떻게 가능할까요?

가치를 찾는다는 게 그리 쉬운 일은 아닐 겁니다. 경험이 적거나 아직 어린 나이라면 더욱 그렇겠지요. 현재는 수많은 이론과 기준에 쉽게 휩

쓸려버릴 만큼 지식이 넘쳐납니다. 이런 상황이라면 자칫 특정한 누군가의 가치나 혹은 가까운 사람의 가치를 자신의 것으로 받아들이기 쉽습니다. 자신이 원하는 삶의 기준이나 방향을 무시한 채 말이죠. 우리를 위협하는 가치는 바로 이런 것입니다. 내 것이 아닌 다른 누군가의 것으로 나 자신을 채우는 일 말입니다.

우리가 인문학을 공부하고 그 안에 숨은 지혜를 찾으려는 건 아마도 나만의 가치를 찾으려는 시작인가 봅니다. 세상의 가치에 따라 좌우되는 '내'가 아닌, 오직 '나'만의 튼튼한 기초를 세우기 위해서요.

소크라테스는 자신만의 철학적인 사고로 생을 살았습니다. 수많은 문답으로 자신만의 길을 개척했고, 자신이 진정으로 원하는 인생을 찾으려고 애썼습니다. 그리고 자신의 가치대로 살았습니다. 악법의 희생양으로 억울한 죽음을 당하면서도 '악법도 법이다'라는 명언을 남기기도 했지요. 그런 그가 생의 마지막에 남긴 질문이 있습니다.

바로, '무엇이 가치 있는 삶인가?'입니다.

그는 생의 마지막 순간에도 자신이 걸어온 삶이 진실했는지 되물었습니다. 역사상 가장 위대한 현자로 손꼽히는 소크라테스가 가치를 얼마나 중요시했는지 짐작할 수 있는 대목입니다.

우리 주변에는 과정보다 결과만을 중요하게 여기는 사람이 많습니다. 마치 '모로 가도 서울만 가면 된다'는 듯 말입니다. 물론 자신이 바라던 대로 이뤄진 결과는 무척 중요합니다. 좋은 결과로 행복을 얻을 수 있고 원하는 것을 얻을 수도 있으니까요. 하지만 과정은 무시하고 결과만을 지향하는 행동은 많은 부작용을 낳습니다. 때론 부조리를 저지르기도 하고 비리나 정당하지 않은 방법을 동원하기도 하죠. 이제 우리 사회, 아니 우리 개개인만이라도 생각을 바꿔보면 어떨까요? 원하는 결과를 얻기 위해 과정 역시 중요하다는 올바른 '가치'를 가슴에 품으면 어떨까요? 이런 행동은 어쩌면 한 개인뿐 아니라 자신이 속해 있는 사회의 모습까지 바꿔놓을지 모릅니다.

 물론 개인의 가치는 고유 권한입니다. 그렇다고 자신의 이익만을 챙기는 가치가 문제없다는 뜻은 아닙니다. 탐욕보다는 삶의 모범이 되는 기준, 나 자신과 내가 속한 사회 구성원의 가치를 훼손하지 않는 범위에서의 가치여야 올바른 가치라 할 수 있습니다.

 하지만 바른 가치를 가졌다고 해서 시련이 없는 것은 아닙니다. 가치와 상관없이 시련은 언제든지 다양한 형태로 찾아오기 때문입니다. 시련이 찾아왔을 때 사람은 크게 두 부류로 나뉩니다. 시련 앞에서 포기하고 주저앉는 사람과 다시 용기를 내 일어서려는 사람입니다. 이때 후자에 속하는 사람은 시련을 겪을 때마다 그 경험을 발판으로 삼고, 맷집이 생겨 더 단단해집니다. 그러니 지금 시련을 겪고 있더라도 낙담하지 마시길 바랍니다. 올바른 가치를 인생의 나침반으로 두고 있다면, 시련이 오더라도 다시 일어서는 용기를 갖게 될 겁니다.

우리 인간은 오래 살기를 원한다.
그러나 그 삶은 무엇보다 신중하고 가치가 있어야 한다.
인생의 시간을 잘 활용하는 것은 쳇바퀴 돌 듯 기계적으로 사는 것이 아니라
진실한 삶을 사는 것이다.

- 랠프 왈도 에머슨 -

# 나는 어떤 사람인가
## 찰스 핸디

● 주변을 돌아보면 자신만의 독특한 생각으로 인생을 사는 사람이 늘어가는 듯합니다. 불과 20~30년 전만 해도 비슷한 결정을 내렸던 것들도 이제는 개인의 취향에 따라 선택의 폭이 넓어지고 있습니다. 결혼이나 연애, 자녀 양육부터 삶의 사이클까지 가치와 개성이 투영된 결정들이 넘쳐납니다. 사실 개성이란 게 좋은 의미로만 여겨지지 않았던 때도 있었습니다. 조직과 사회의 대중적인 결정에 반기를 드는 사람쯤으로 취급되는 표현이기도 했습니다. 지금도 이런 현상은 계속되고 있지만 한 사람이 갖고 있는 고유한 개성은 개인의 '즐거움', '행복', '유익'과 깊이 관련돼 있기에 개성을 인정받는 일은 누구에게나 매우 중요합니다. 하지만 온갖 분야의 비약적인 성장에도 불구하고 어찌된 영문인지 사회는 개인에게 몰개

성화(deindividuation, 구성원 개개인의 정체성과 책임감이 약화되어 집단 행위에 민감해지는 현상)를 부추기곤 합니다. 각종 미디어를 통해 아름다움의 기준이 전파되고 대중은 그 기준을 흠모합니다. 마치 그 기준이 정답인 양 똑같은 모습을 추구하고, 자신에게 맞지 않는 삶의 패턴까지 받아들이려 합니다. 특정 제품이 순식간에 매진이 되고 수많은 취업 준비생들이 똑같은 방법으로 공부하는 것을 보면 알 수 있습니다. 자신이 무엇을 좋아하고 잘할 수 있는지 관심 갖기보다 보편적인 기준에 부합하는 인생을 살려 노력합니다. 이렇다 보니 '개성 있게 살자'는 말도 허황되게 들릴 뿐입니다.

그렇다면 개성 있게 사는 삶이란 어떤 삶일까요?

그 답을 찾기 위해서는 먼저, '나는 누구인가?'라는 질문이 필요합니다. 자신이 품고 있는 씨앗의 정체를 모른다면 '나라는 존재'로 성장하는 데 혼란을 겪게 될 테니까요. 마치 배나무의 씨앗을 품고 사과 열매를 기다리는 것과 같은 일입니다.

공자의 『논어論語』 안연 편에 이런 이야기가 나옵니다. 어느 날, 제나라 경공이 공자에게 "어떻게 하면 나라를 바로 다스리고 잘 살 수 있습니까?" 하고 물었습니다. 공자는 이렇게 대답했습니다.

"군군신신 부부자자君君臣臣 父父子子."

풀이하면 군주가 군주답고, 신하가 신하다우며, 아버지가 아버지답고, 자녀가 자녀다워야 한다는 뜻입니다. 여기서 '~답다'라는 말 속에는 자신이 누구인지 확실히 아는 것이 포함돼 있습니다. 자기 정체성이 확립되었을 때 가정도 나라도 바로 설 수 있다는 의미죠. 사실 정체성을 찾는 게 쉬운 일만은 아닙니다. 하지만 무엇보다 중요한 일임에 틀림없습니다.

영국 작가 찰스 핸디는 그의 저서 『찰스 핸디의 포트폴리오 인생』에서 정체성에 대해 이렇게 말했습니다.

"지금 생각해보면 삶이란 자신의 정체성을 찾는 과정이라는 생각이 듭니다. 자신이 진정 어떤 사람인지, 진정 어떤 일에 재능이 있는지를 끝내 모른 채 죽는다면 참으로 서글픈 일이죠. 삶이란 정체성이라는 사다리를 오르는 과정이고 우리는 그 사다리를 오르며 서서히 자신의 정체성을 발견하고 증명해가야 합니다."

찰스 핸디의 말처럼 끊임없이 '나는 누구인가?'라는 질문을 던지고, 그 답을 찾아가는 과정을 겪어야 합니다. 그러면 유일하면서도 온전한 자기 자신을 만날 수 있기 때문입니다. 누구에게 휘둘리는 인생이 아닌, 오롯이 내가 원하고 준비하고 만들어가는 삶이 가능해지기 때문입니다. 정체성을 찾는 게 어렵다고, 시원하게 결론이 나지 않는다고 귀찮게 여겨서는 안 됩니다.

오늘 하루 자신이 어떤 사람인지 찾아야겠다는 의지를 갖고 최선을 다했다면 그것만으로도 괜찮습니다. 그럼 언젠가는 자신이 어떤 사람인지 알 수 있는 날이 분명 올 겁니다.

나무에 따라 꽃과 열매가 다르듯 사람의 재능도 저마다 다르다.
아무리 좋은 배나무라 할지라도 조그만 사과 하나를 맺을 수는 없는 일이다.
남의 흉내를 내는 것은 어리석다.
그대의 특성을 살리도록 노력해야 한다.

- 프랑수아 드 라로슈푸코 -

## 사색의 이유

소로

● 스스로 생각하고 판단하기가 어려운 시대입니다. 특히 대부분 청소년들은 좋은 성적을 받아 일류 대학을 가는 것이 목표일 뿐 왜 공부하는지, 어떤 미래를 원하는지에 대한 목적의식이 분명하지 않습니다. 설령, 도전해보고 싶은 게 생겨도 금세 포기해야 하는 처지입니다. 불안정한 시대에 도전이란 부모님이 듣기에 '위험한 모험'과도 같기 때문입니다. 아이 뜻을 존중해서 원하는 삶을 살라고 응원해도 마음이 편치 않습니다. 사회적 흐름을 무시할 수 없으니까요. 그러니 아이들도 부모도 세상이 만들어놓은 틀에 맞춰 살아갈 뿐입니다.

대학생들도 마찬가지입니다. 안정적인 회사에 취업하기 위해서 다른 사람들보다 더 많은 스펙을 쌓아야 합니다. 그러다 보니 정신없이 바쁘게 살아야 하고 자신이 살고 싶은 인생을 깊이 생각할 여유도 없습니다.

부모의 입장은 어떨까요? 가족을 부양하는 데 바빠 자신의 인생은 나중으로 미뤄둡니다. 다람쥐 쳇바퀴 도는 삶에서 쉽게 빠져 나올 수 없는 거죠. 물론 돈을 많이 벌고 안정적인 삶을 추구하는 것이 나쁘다는 말이 아닙니다. 하지만 많은 사람들이 스스로 생각하고 선택하지 못한 과거를 두고 후회합니다. 그렇다면 스스로 선택하는 삶에 대해 진지하게 생각해볼 필요가 있지 않을까요?

헨리 데이비드 소로는 한때 이상을 실현하고 생계를 해결하기 위해 교사를 꿈꾸었습니다. 하지만 학생을 체벌해야 하는 현실 때문에 교사의 길을 포기하고 맙니다. 그러곤 도시의 생활을 정리하고 월든 호숫가로 들어가 오두막을 짓고 살아갑니다. 많은 사람들이 그의 선택에 대해 궁금해하자 자신의 저서 『월든』을 통해 이렇게 말했습니다.

"오로지 삶의 본질적인 사실만을 직시하기 위해, 삶의 가르침을 잘 배우기 위해, 그래서 죽음의 순간에 내가 잘 살았구나 하고 깨닫기 위해서였습니다. 삶이란 너무나도 소중한 것이기에 삶이 아닌 길은 가고 싶지 않았고, 불가피한 경우가 아니라면 체념하고 싶지도 않았습니다. 나는 삶을 깊게 살아보고 싶었고, 삶의 정수를 끝까지 마시고 싶었고, 삶이 아닌 것은 모두 없애버리기 위해 강인하고도 엄격하게 살고 싶었습니다."

소로는 신중하게 살기 위해 숲으로 들어갔습니다. 스스로 온전히 존재하기 위해 호숫가의 삶을 선택한 것이죠. 어떤 물질적인 욕망과 주변의 시선과는 상관없이 오직 자신이 경험할 수 있는 길을 열어놓은 것입니다. 특히 자연과 함께한 삶은 소로를 자연스럽게 사색의 길로 인도했습니다. 사색을 함으로써 진정한 자신의 인생을 살 수 있다고 믿었던 것입니다.

또한 깊이 있는 생각은 세상을 바라보는 시각마저 바꿔주었습니다. 소로는 자신의 신념에 따라 멕시코 전쟁을 반대했으며 도망노예법 Fugitive Slave Laws에도 적극적으로 반대 의견을 냈습니다. 깊은 사고에서 나오는 결정대로 실천하며 살았던 것입니다.

인생의 주인은 오롯이 자신입니다. 누구에게도 맡길 수 없고 폭풍우 같이 힘든 일이 다가왔다고 해서 버릴 수 없는 것이 인생입니다. 그런 인생을 지혜롭게 살아가기 위해서는 생각하는 시간이 충분히 필요합니다. 단순한 인터넷 검색으로는 삶의 길을 찾을 수 없습니다.

깊이 있는 사색으로 내가 원하는 삶이 무엇인지, 어떤 세상을 이루고 싶은지, 정말 해보고 싶은 일이 무엇인지 찾아야 합니다. 스스로 답을 찾기 위해 시간을 갖지 않는다면 내 인생을 살고 있다고 말할 수 없을 것입니다.

마지막으로 『보물섬』, 『지킬 박사와 하이드』의 작가 로버트 루이스 스티븐슨의 말을 기억하면 좋겠습니다.

"당신이 좋아하는 일을 알려면 세상이 말해주는 것을 그대로 받아들이지 말고 당신의 영혼이 늘 깨어 그것을 찾아야 한다."

마음의 기능은 생각하는 것이다.
생각하면 얻는 것이 있지만 그러지 않으면 얻는 것이 없다.

- 맹자 -

## 나의 마음 씨앗은

아우구스티누스

● 어린 시절, 학교에서 집으로 돌아오면 제일 먼저 찬장과 가마솥 뚜껑을 열어보곤 했습니다. 여기저기 뒤지고 열어봐도 먹을 게 없어 짜증과 실망으로 돌아섰던 기억이 납니다. 그래도 논과 들로 발품을 팔면 칡, 산딸기, 앵두, 개복숭아, 머루, 오디 같은 것들이 있어 참 좋았습니다. 지금이야 귀한 식재료가 되었지만 옛날에는 그저 요깃거리 열매로 취급받던 것들이죠. 냇가에서 물고기를 잡기도 했고 때로는 배춧속이나 무, 당근도 뽑아 먹었습니다. 그러다 겨울이 돼 저장해두었던 곡식들이 하나둘 줄어들기 시작하면 마음이 위축되곤 했습니다. 특히 고구마가 떨어질 때가 되면 그나마 있던 먹거리도 끝이었죠. 그러면 어머니는 남은 고구마를 숨겨놓곤 했는데, 그것이 종자였기 때문입니다. 종자의 의미를 모르는 아이들은 철없이 어머니를 보채곤 했습니다.

지금이야 씨앗을 종묘회사에서 보급하지만 예전에는 농사짓는 사람이 일일이 종자를 만들어두어야 했습니다. 종자들은 이미 검증된 좋은 씨앗들이었죠. 그렇게 남겨둔 종자는 이듬해 몇십 배의 결실로 돌아왔습니다.

우리의 인생에도 종자 같은 의미를 지닌 것들이 있습니다. 마음 밭에 심는 씨앗은 희망을 갖게 하고 소망을 품고 살게 만들어줍니다. 그러니 마음 밭에 심는 씨앗은 외부가 아니라 자신의 내면에서 찾아야 합니다.

스스로를 사유의 대상으로 삼았던 아우렐리우스 아우구스티누스는 자서전 『고백록』에서 이런 말을 했습니다. "밖으로 나가지 마라. 그대 자신 속으로 돌아가라. 인간 내면에 진리가 자리 잡고 있다."

또 다른 사상가 몽테뉴도 자신의 내면을 보라는 이야기를 이렇게 전했습니다.

"아는 것은 그대뿐이다. 다른 사람들은 그대를 보지 못한다. 그들은 불확실한 추측으로 그대를 짐작한다. 그들은 그대의 기교를 보는 만큼 그대의 본성을 보지 못한다. 그들의 판결에 매이지 마라. 그대 자신의 판결에 매여라."

아우구스티누스와 몽테뉴가 말한 것처럼 씨앗은 내면에 숨어 있습니다. 그것을 발견하기 위해 힘써야 하는 것이 우리의 사명입니다.

당신은 어떤 씨앗을 품고 있습니까? 어떤 어려움에도 굳건하게 싹을 내고 줄기를 뻗을 마음 씨앗은 무엇인가요? 씨앗을 품고 있는 사람이 한 해 농사를 기대하고 희망에 부풀어 살아갈 수 있다는 것을 기억하면 좋겠습니다.

당신의 가슴속에 당신 운명의 별이 있다.

- 요한 크리스토프 -

## 존재하기 위해, 살아가기 위해
### 도스토예프스키

● 영국 극작가이자 소설가인 조지 버나드 쇼는 "청춘은 청춘에게 주기에 너무 아깝다."는 말을 했습니다. 이 말이 왜 그리 공감이 가던지, 알 수 없는 묘한 감정이 일었습니다. 정말이지 청춘일 때는 그 젊음의 소중함을 깨닫지 못했던 것 같습니다.

"너희 나이가 가장 좋을 때다."라는 말을 학창시절 수없이 들었지만 그때는 그 말이 뭘 의미하는지도 몰랐고 힘들게 공부하는 우리 처지를 이해하지 못하는 말이라고 원망까지 했습니다.

그러다 나이 마흔이 됐을 때 망치로 머리를 얻어맞은 기분이 들었습니다. 영원히 상상 속에만 존재할 것 같은 나이의 주인공이 된 것입니다. 나 모르게 무슨 일이 벌어졌는데 그 뒷감당을 혼자하게 된 것 같은 억울함, 인정하고 싶지 않은 자기 부정, 우울함, 날 괴롭게 하는 여러 생각들로 하루하루가 힘들기만 했습니다.

'내가 마흔이래. 정말? 언제? 어쩌다 이 나이가 되었지? 이렇게 늙어가는 건가?'

그러다 내 나이를 인정하고 10년 후 모습을 생각해보기로 했습니다. 지금이 얼마나 젊고 아름다운가를 생각하자 신기하게도 마음속 고민과 갈등이 조금씩 가라앉았습니다. 그러자 늙는다는 건, 나이와 외모의 문제가 아니라는 것을 깨닫게 됐습니다. 마음속에 이상<sup>理想</sup>이 없을 때 비로소 늙는 것이고 삶의 열정이 사그라지는 것이 곧 늙음이라는 것을 말이죠.

이상을 갖는다는 것은 자기 존재의 이유를 아는 데서 비롯됩니다. 자신이 이 땅에 존재하는 이유를 아는 것과 같은 이치입니다. 그렇지 않으면 삶의 의미조차 알 수 없게 됩니다. 표도르 미하일로비치 도스토예프스키도 인간이 자기 존재의 이유를 모르면 무시무시한 일을 당할 수 있다고 말합니다. 그 이야기가 『카라마조프 가의 형제들』의 초고에 자세히 서술되어 있습니다.

"(…) 인간 존재의 비밀은 그저 생존하는 것뿐 아니라 무엇인가 확실한 것을 위해 사는 것이기 때문이다. 자신이 무엇을 위해 사는지 확고하게 이해하지 못한다면, 인간은 삶을 수용할 수 없고 지구 상에 살아남기보다는 오히려 자신을 파괴하게 될 것이다."

도스토예프스키가 말한 것처럼 자기 존재의 이유는 삶의 목적을 아는 것입니다. 이 땅에서 궁극적으로 해야 할 일이 무엇인지를 아는 것이 중요하다는 말입니다.

"내가 존재하는 이유는 무엇인가? 나에게 가장 중요한 덕목은 무엇이며 이것이 내 인생에서 왜 중요한가? 궁극적으로 이루며 살아가야 할 것은 무엇인가?"

이와 같은 질문에 답할 수 있다면 인생의 길이 험난해도 두렵지 않을 것입니다. 아니, 두렵다 해도 용기를 내서 앞으로 걸어갈 수 있습니다. 마음에 이상이 자리하고 있으니 나이가 들어도 희망이 있고, 자기 존재의 이유가 뚜렷하니 몸은 늙어가지만 마음속 열정이 살아 움직이게 됩니다. 그런 열정이 삶을 변화시키고 희망을 가져다줍니다.

'나이가 몇이냐'는 더 이상 중요하지 않습니다. 존재의 이유를 알고 삶의 목적을 위해 나아가는 한 누구나 영원한 청춘입니다.

나이를 먹는다고 해서 늙는 것이 아니다. 이상을 잃어버릴 때 우리는 비로소 늙는다.
세월은 우리의 주름살을 늘게 하지만 열정을 가진 마음을 시들게 하지는 못한다.

- 사무엘 울만 -

# 소유한다는 것은
프롬

● 많은 사람들이 더 많은 물질을 소유하기 위해 바쁘게 살아갑니다. 공부 열심히 해서 명문대학에 가고 대기업에 취업하려는 이유도 더 많은 연봉을 받기 위해서입니다. 연봉은 넓은 평수의 아파트와 고급 승용차로 연결됩니다. 소유에 따라 행복의 척도를 가늠하기 때문이죠. 더 많이 공부하고 좋은 성적을 받으라는 부모의 잔소리도 그 이면에는 더 많이 소유하기 바라는 마음이 담겨 있습니다. 물론 더 많이 소유하고 더 좋은 것을 누리려는 마음은 인간의 자연스러운 욕구입니다. 하지만 소유를 목적 삼아 살아간다면 어느 순간 허탈을 경험하게 됩니다. 소유가 인생의 전부가 아니란 것을 아는 때를 맞이하는 것입니다. 대부분이 인생의 황혼기에 접어들어서야 깨닫는다고 하는데, 젊음은 이미 지나고 말았으니 후회가 겹으로

쌓이고 맙니다. '젊은 시절에 알았더라면 소유를 위해 인생을 허비하지 않았을 텐데.'라면서 말이죠.

  소유를 위해 달려온 시간은 어디에서도 보상받을 수 없습니다. 죽음을 앞둔 사람들이 가장 많이 후회하는 것 중 하나도 소유가 아닌 존재의 이유를 놓친 것이라고 합니다. '너무 일만 하지 말았어야 했는데, 감정 표현을 좀 더 많이 하고 살았어야 했는데, 사랑하는 사람들과 더 많은 시간을 보냈어야 했는데……'라며 한탄하는 것이죠.

  사실 소유하는 삶은 자본주의 사회에서 꼭 필요한 덕목입니다. 많은 부를 축적하면 그만큼 편리한 삶을 살 수 있기 때문입니다. 그래서 우리는 뭔가를 더 소유하기 위해 아침부터 저녁까지 힘써 노력하고 있는 것입니다. 하지만 카를 마르크스는 행복한 삶에 이르기 위해서는 "많이 소유하는 것이 아니라 풍요롭게 존재하는 것을 목표로 해야 한다."고 말합니다. 소유를 향해 달리는 우리에게 경종을 울리는 메시지가 아닐 수 없습니다.

  소유와 존재의 갈림길에서 깊이 고민한 사람이 또 있습니다. 바로 에리히 프롬입니다. 그는 자신의 저서 『소유냐 존재냐』에서 삶의 방식은 소유하는 삶과 존재하는 삶으로 나뉜다고 했습니다. 소유를 추구하는 사람은 꽃을 볼 때도 자연 그대로의 꽃을 바라보고 음미하기보다는 꽃을 꺾어 자신의 것으로 소유하는 데에 목적을 둔다고 했습니다. 소유하려는 사람과 사랑을 나눈다고 생각해봅시다. 자기 존재가 누군가의 소유가 되는 건 끔찍한 일입니다.

  반면 존재하는 삶은 말 그대로 자기 존재를 확인하며 살아가는 것입니다. 그리고 자신의 존재뿐만 아니라 상대의 존재도 인정할 줄 압니다. 상대가 행복한 삶을 살 수 있다면 기꺼이 놓아주기도 하는데 그것은 소유보다는 존재에 더 가치를 두기 때문입니다.

　존재하는 사람은 능동적으로 움직입니다. 자기를 성장시키기 위해 힘쓰고 사랑할 줄 압니다. 희망적인 삶은 결국 존재에 가치를 두는 삶이기 때문입니다.

　심플한 삶을 모색하고 실천하며 풍요로운 삶을 누리는 도미니크 로로 작가는 『심플하게 산다』에서 "현대인들은 부를 자기 존재의 증거로 여긴다."고 말하면서 그 이유가 소유와 자기 정체성을 동일시하기 때문이라고 했습니다. 하지만 그는 소유를 좇으며 살아가면 결코 만족스러운 삶을 누릴 수 없다고 경고합니다. 그래서 적당한 여유와 여백을 통해 존재를 확인하며 살아야 하고 그것을 실현하는 삶이 심플하게 사는 것이라고 조언합니다.

　사실 역설적이게도 소유에 목숨을 걸지 않으면 삶의 질이 개선됩니다. 소유보다 존재의 이유를 느끼는 곳에 시간을 사용하기 때문입니다. 가족들과 함께하며 존재의 의미를 알아가고 지금까지 당연하다고 생각해왔던 존재들이 얼마나 소중한 사람들인지 깨닫게 되니까요. 소유하는 데 아등바등하지 않기에 여유를 느낄 수 있고 자기 존재의 의미까지 알게 되니 행복한 삶을 영위해나가게 됩니다.

　여러분은 지금 소유하는 삶과 존재하는 삶, 둘 중에 어떤 길을 걷고 있습니까?

나는 광고지를 읽지 않는다.
그것을 읽게 되면 종일 부족한 것을 생각하게 되고
그것을 원하게 될 테니까!

- 프란츠 카프카 -

## 당신은 어디쯤 날고 있나요
### 리처드 바크

● 아마 먹고사는 것은 우리 현실에 커다란 문제가 아닐까 합니다. 그러니 조금이라도 잘살기 위해 땀 흘리고, 조금이라도 나은 직장에서 일하기 위해 밤낮없이 공부하는 거겠죠.

그러나 먹고사는 문제를 떠나 자신이 꼭 해야 할 일에 매진하며 살아가는 사람도 있습니다. 이렇게 사람은 이상과 현실 사이에서 각자의 가치대로 살아갑니다.

어떤 삶이 옳다고 할 수는 없지만 그래도 조금이라도 멋진 인생, 의미 있는 인생, 한평생 뜻있게 살았노라고 이야기할 수 있는 삶이 있습니다. 그런 메시지를 담은 문학 작품이 바로 리처드 바크의 『갈매기의 꿈』입니다. 책에 나오는 갈매기들은 두 부류로 나뉩니다.

"대부분의 갈매기들은 비상飛翔의 가장 단순한 사실 – 즉 먹이를 찾아

해안을 떠났다 다시 돌아오는 방법 이상의 것을 배우려고 마음 쓰지 않는다. 대부분의 갈매기들에게 문제가 되는 것은 나는 것이 아니라 먹는 것이다. 그러나 이 갈매기에게 중요한 것은 먹는 것이 아니라 나는 것이었다. 어떤 것보다 조나단 리빙스턴은 높이, 그리고 더 멀리 나는 것을 사랑했다."

먹는 것보다 나는 것에 관심을 가진 주인공 조나단은 더 높이, 더 빠르게 날기 위해 연습에 매진합니다. 하지만 다른 갈매기들은 조나단을 이해할 수 없었습니다. 높이 난다고 먹는 문제가 해결되는 것도 아닌데 왜 나는 연습을 하는지 말입니다. 조나단 역시 다른 갈매기들을 이해할 수 없었습니다. 그러면서 자신의 생각을 이렇게 전합니다.

"수천 년 동안 우리는 물고기 대가리를 찾아 휘젓고 다녔습니다. 그러나 이제 우리는 살기 위한 이유를 갖게 되었습니다. 배우고, 발견하고, 자유롭게 되는 것입니다."

조나단이 높이 날아오르려고 한 것은 배우고 발견하고 자유롭게 되기 위해서였습니다. 높이 나는 것이 어떤 점에서 유익하다고 생각했을까요? 그것이 얼마나 소중하게 느껴졌기에 무리로부터 추방당하면서까지 그렇게 했을까요?

높이 난다는 것에는 사실, 자신이 살고 있는 세상을 꿰뚫어 본다는 의미가 담겨 있습니다. 더불어 자신이 날고 있는 위치도 확인할 수 있습니다. 이것은 자기 존재의 의미를 파악하려는 것으로 볼 수 있습니다. 나는 누구이며, 어디로 가는지, 어떻게 살아야 하는지 생각하는 시간을 갖는 것입니다. 삶의 방향을 점검하는 것이기도 하죠. 그렇게 삶에 대해 진지하게 고민하는 삶은 그렇지 않는 삶과는 분명히 다릅니다.

반면에 낮게 나는 갈매기들은 높이 나는 갈매기보다 먹잇감을 빨리 찾고 쉽게 사냥할 수 있습니다. 한마디로 생존과 관련된 현상에 집중하며 사는 삶이라고 볼 수 있습니다. 당장 먹고사는 문제를 해결하기 위해 공부하고 땀 흘리며 사는 우리처럼 말입니다. 어느 것이 좋다, 혹은 나쁘다고 말하려는 것이 아닙니다. 그저 질문을 하고 싶을 뿐입니다.

여러분은 어떤 갈매기의 삶이 더 의미 있게 느껴지나요? 먼 훗날, 먹고사는 문제에 더해 삶의 의미까지 얻게 되는 갈매기는 어느 쪽일까요?

대부분 높이 나는 갈매기라고 대답할 것입니다. 눈앞에 보이는 현상을 넘어 멀리 앞날을 내다볼 수 있기 때문입니다. 그런 삶은 마음속에 품은 이상을 따라 살아가는 것이기에 보람과 의미까지 찾을 수 있습니다. 그렇다면 높이 나는 것이 무조건 옳은 것일까요? 여기서 그리스 신화에 나오는 이카루스 이야기를 들려드리지요.

이카루스의 아버지 다이달로스는 미노스 왕의 뜻을 거역해 아들 이카루스와 함께 자신이 만든 미로에 갇히게 됩니다. 그 미로는 워낙 정교하게 만들어 도저히 탈출구를 찾을 수 없게 설계되었습니다. 그러자 다이달로스는 아들 이카루스에게 밀랍으로 날개를 만들어줍니다. 그리고 이렇게 당부합니다.

"너무 높게 날지도 말고 너무 낮게 날지도 말아라. 너무 낮게 날면 날개가 젖을 것이고 너무 높게 날면 태양열에 밀랍이 녹을 것이다."

하지만 아버지의 당부에도 불구하고 이카루스는 하늘로 높이 올라갑니다. 그러자 날개는 녹아버렸고 이카루스는 바다로 떨어져 죽고 말았습니다.

제가 말하고자 하는 의미는 이것입니다. 높이 난다고, 멀리 본다고, 무조건 좋은 것은 결코 아니라는 점입니다. 이카루스처럼 자신이 나는 목적도 모른 채 무조건 높이 날면 추락하게 됩니다. 우리 주변에서도 목적을 바로 세우지 않아 한순간에 추락하는 사람들이 매우 많습니다. 그러나 너무 낮게 나는 것도 문제가 있습니다. 낮게 나는 것은 매일의 먹고사는 문제를 해결하기 위한 것이지만 우리 인간은 먹고사는 것이 해결되면 안전하다는 착각을 하게 됩니다. 이런 경우에는 한 치 앞도 분간하지 못하거나 훗날 자신의 삶에 벌어질 문젯거리를 내다보지 못하게 됩니다. 누군가 자신을 먹잇감으로 조종해도 그 사실을 인지하지도 못합니다. 그러다 보면 소망을 갖는 것도 어려운 일이 되고 맙니다.

높이 날아오르려면 목적을 바르게 세워야 합니다. 현실에 안주하려는 마음에서 벗어나 미래를 예측하고 바라보려는 노력이 필요합니다. 그럴 때 우리 삶에 희망이 존재하기 때문입니다.

당신이 진정으로 원하는 바가 무엇인지 깨달아라.
그때부터 당신은 나비를 쫓아다니는 일을 그만두고
금을 캐러 다니기 시작할 것이다.

- 윌리엄 몰턴 마스든 -

# 삶의 표지를 확인하자
### 코엘료

● 인생이라는 긴 시간을 놓고 봤을 때 안갯속에 살고 있다는 느낌을 받을 때가 있습니다. 많은 사람들이 20대를 떠올리면 그렇지 않을까요? 저는 사춘기 때보다 심한 내적 갈등과 고민 속에 그 시절을 보냈습니다. 하고 있는 일에 대한 확신은 없고 명확한 답도 내놓지 못하니 늘 물음표를 달고 살아야 했습니다. 갈피를 잡지 못하고 끊임없이 방황하던 시간은 30대, 40대까지 흔들어 놓았습니다.

사실 어디로 갈지 모른 채 나서는 길은 약간의 설렘을 동반합니다. 낯선 길에 대한 호기심과 막연한 기대감으로요. 하지만 그 길의 끝을 모르면 어느 순간 두려움이 찾아옵니다. 그리고 걱정과 불안이 엄습해옵니다. '그냥 한번 가보는 거야. 뭐든 있겠지?'라는 생각은 때론 모험심 강하고 열정적으로 보입니다. 그러나 아무리 열정으로 가득 차 있다 해도 어디로 가야 할지 모르는 상황에서는 아무 소용없는 강점일 것입니다.

전쟁 중에 적군을 혼란스럽게 만들어 역공을 노리는 전략이 있습니다. 내부를 혼란스럽게 만들거나, 배신자를 심어 현명한 결정을 할 수 없도록 만드는 것입니다. 이때 진군을 해야 하는 병사들은 오락가락하는 지휘자에게 심한 불안감을 느끼게 됩니다. 제아무리 많은 병사가 있어도 대오가 흐트러진 군대는 순식간에 오합지졸이 되기 때문입니다. 그 틈을 이용해 적을 섬멸하는 것이 혼수모어混水摸魚의 전술입니다. 혼수모어의 특징은 외부적인 요건이 아니라 내부의 문제를 타깃으로 삼는 데 있습니다.

우리가 살고 있는 전쟁터 같은 삶에서도 방향 감각을 잃으면 낭패를 겪기 일쑤입니다. 인생은 기쁨보다 불안과 초조함으로 얼룩져 있기 때문입니다. 그러니 내가 서 있는 위치와 앞으로 나아갈 방향을 점검하는 일이 끊임없이 지속돼야 하는 것입니다.

파울로 코엘료의 『연금술사』는 자아를 찾아 떠나는 청년 산티아고의 이야기입니다. 그 모습이 인생의 길에서 어디로 가야 할지 고민하는 우리와 매우 닮았습니다. 젊은 산티아고를 향해 인생 경험 많은 노인은 이런 말을 합니다.

"그것은 자네가 항상 이루기를 소망해오던 바로 그것일세. 우리들 각자는 젊음의 초입에서 자아의 신화가 무엇인지 알게 되지. 그 시절에는 모든 것이 분명하고 모든 것이 가능해 보여. 그래서 젊은이들은 그 모두를 꿈꾸고 소망하기를 주저하지 않는다네. 하지만 시간이 지남에 따라 알 수 없는 어떤 힘이 그 신화의 실현이 불가능함을 깨닫게 해주지."

계속해서 자아를 찾아 길을 떠난 산티아고는 길마다 '표지'를 발견하게 됩니다. 코엘료는 표지라는 단어를 통해 산티아고에게 자신이 나아갈 삶의 방향을 알려주는 단서를 제공한 것이죠.

"난 어떻게 미래를 짐작할 수 있을까? 그건 현재의 표지들 덕분이지. 비밀은 바로 현재에 있네. 현재에 주의를 기울이면, 현재를 더욱 나아지게 할 수 있지. 현재가 좋아지면 그다음에 다가오는 날들도 마찬가지로 좋아지는 것이고."

또 코엘료는 표지의 의미를 이렇게도 말합니다.

"그대의 마음에 귀를 기울이게. 그대의 마음이 모든 것을 알 테니. 그대의 마음은 만물의 정기에서 태어났고, 언젠가는 만물의 정기 속으로 되돌아갈 것이니."

코엘료가 표지를 통해 전하고 싶었던 것은 현재의 삶과 자기 내면을 잘 관찰하는 것이었습니다. 미래를 향해가는 첫 번째 열쇠는 외부가 아닌 내면에 있기 때문입니다.

자욱한 안개 속을 걷는 것처럼 인생의 방향을 정한다는 게 참 어려운 시대입니다. 이럴 때일수록 자기 내면의 소리에 귀 기울이는 노력은 매우 가치 있는 일입니다.

지금 내 마음은 어디를 가리키고 있는지, 무엇을 말하는지 삶의 표지를 확인하고 앞으로 나가야 합니다.

인생에서 가장 중요한 것은
자신이 마음속으로 무엇을 바라고 있는지 발견하는 일이다.

- 임마누엘 칸트 -

## 최선은 이런 것
### 만델라

● 새해가 되면 수많은 계획을 세웁니다. 이전 해와 같은 삶을 살지 않겠다고 다짐하고 또 다짐을 합니다. 그리고 그것들이 이뤄질 상상을 하면 입가에 미소가 절로 번집니다.

하지만 한 해를 마감할 시점이 되면 연초에 세웠던 거창한 계획과 희망의 대부분이 물거품으로 끝나버리곤 합니다. 해마다 반복되는 실패에 얼마나 많은 좌절감을 맛보며 사는지 모릅니다. 그러다 보니 어느 순간 '어차피 또 안 될 텐데…….'라는 생각으로 계획 세우는 것마저 포기하게 됩니다. 어디서 그렇게 많은 핑곗거리가 생기는지 스스로도 놀랄 때가 많습니다. 거기다 실천하지 못하는 자신을 위로까지 하죠. 하지만 이 과정이 나쁜 것만은 아닙니다. 계획을 실천하지 못해도, 하다 포기해도, 뭔가 계획하고 시도하는 노력이 더 나은 나를 만드는 단초가 되기 때문입니다.

인생의 3분의 1을 감옥에서 보낸 넬슨 만델라는 굴곡진 인생을 살았습니다. 흑인 인권 운동에 헌신하다 무려 27년을 감옥에서 보냈고, 출감 후에도 350년에 걸친 인종 차별을 종식시키기 위해 자신의 삶을 헌신했습니다. 그는 좌절과 실패로 가득한 삶에서 얻게 된 지혜를 이렇게 전합니다.

"인생의 가장 큰 영광은 결코 넘어지지 않는 데 있는 것이 아니라 넘어질 때마다 일어서는 데 있습니다."

만델라는 인생의 중요한 가치를 넘어질 때마다 다시 일어서는 것에서 찾았습니다. 그러면 언젠가는 새로운 기회를 찾게 되고 원하는 길에 우뚝 설 것을 알았기 때문입니다.

작심삼일로 끝나더라도 오늘 안 되면 내일 다시 시도하려는 태도, 바로 그것이겠지요?

프리드리히 빌헬름 니체는 "모든 것의 시작은 위험하다. 그러나 무엇을 막론하고, 시작하지 않으면 아무것도 시작되지 않는다."고 말했습니다. 마음속으로 뭔가를 원하는 것은 중요합니다. 하지만 그보다 더 중요한 것은 시도하지 않으면 정말 아무 일도 일어나지 않는다는 것입니다. 실패하더라도 일단 계획을 세우고 시작해봅시다. 아침에 눈을 뜨고 하루를 시작하는 것처럼 나를 움직이게 하고 살게 하는 그것을 위해 나가봅시다. 그러다 보면 인생의 봄이 어느새 성큼 다가왔음을 느낄 수 있을 겁니다.

시도하고 또 시도하는 자만이
성공을 이루어내고 그것을 유지한다.
시도한다고 해서 잃을 것은 없으며,
성공하면 커다란 수확을 얻게 된다.
그러니 일단 시도해봐라.
망설이지 말고 지금 당장 해봐라.

- 윌리엄 클레멘트 스톤 -

# 지금 이 순간이야말로

## 카잔차키스

● 언제 가슴이 뛰었는가를 생각해 봅니다. 소풍 가기 전날, 명절 날, 새 옷을 샀을 때, 멋진 선생님을 만나 짝사랑했을 때…. 이렇듯 학창시절에는 작은 것에도 가슴이 뛰었습니다. 별일 아닌 것에도 기뻤고 떨어지는 낙엽에, 소설 속의 이별에도 슬펐습니다.

그런데 어느 날부턴가 매일 똑같은 일상을 살다 보니 소소하고 별것 아닌 일들에 반응할 수 없게 됐습니다. 예전에는 웃고 떠들며 우수에 젖었던 일들이 이제는 왜 웃어야 하는지, 어째서 슬퍼해야 하는지 감각을 잃어버렸습니다. 무감각해진 일상은 무미건조합니다. 삶의 의미와 존재의 이유도 망각하게 됩니다. 바쁘게 지내는 것 같지만 다람쥐 쳇바퀴 돌듯이 기계적으로 살고 있을 뿐입니다.

그래서인지 나이 들수록 어린 시절의 친구들을 만나는 것이 즐겁습니다. 함께 이야기를 나누다 보면 어느새 그 시절이 새록새록 떠올라 웃게 됩니다. 웃고 떠들다 보면 가슴 뛰었던 그때 그 시절 많은 일들을 즐겁게 추억할 수 있어 어릴 적 친구들과의 만남이 기다려지기도 합니다. 한시라도 웃고 사랑했던 기억을 더듬어보기 위한 몸부림일지라도 말입니다. 그렇다고 가슴 뛰는 삶을 위해 매번 지난날을 회상해야 할까요?

니코스 카잔차키스는 『그리스인 조르바』에서 조르바의 삶을 통해 가슴 뛰는 삶이 어떤 것인지 보여줍니다. 조르바는 현재 주어진 것에 온 마음을 집중했습니다.

"나는 어제 일어난 일은 생각 안 합니다. 내일 일어날 일을 자문하지도 않아요. 내게 중요한 것은 오늘, 이 순간에 일어나는 일입니다. 나는 자신 있게 묻지요.

'조르바, 지금 이 순간에 자네 뭐 하는가?'

'잠자고 있네.'

'그럼 잘 자게.'

'조르바, 지금 이 순간에 자네 뭐 하는가?'

'일하고 있네.'

'잘해보게.'

'조르바, 지금 이 순간에 자네 뭐 하는가?'

'여자에게 키스하고 있네.'

'조르바, 잘해보게. 키스할 동안 딴 일일랑 잊어버리게. 이 세상에는 아무것도 없네. 자네와 그 여자밖에는. 키스나 실컷 하게.'"

　니코스 카잔차키스는 가슴 뛰는 삶은 오늘, 바로 지금 이 순간에 있다고 말합니다. 저 멀리에서 인생의 의미와 희망을 찾기보다 오늘에 집중하면 된다고요. 그럴 때 비로소 가슴 뛰는 삶을 살 수 있다는 것입니다. 더불어 행복에 대해 이렇게 말하기도 했습니다.

　"나는 또 한 번 행복이란 포도주 한 잔, 밤 한 톨, 허름한 화덕, 바다 소리처럼 참으로 단순하고 소박한 것임을 깨달았다."

　"지금 이 순간이 행복하다고 느끼는 데 필요한 것이라고는 단순하고 소박한 마음뿐이다."

　이제 다른 핑곗거리를 찾지 말았으면 합니다. 오늘 내 가슴을 뛰게 하는 게 무엇인지 생각해봅시다. 조르바처럼 지금 이 순간, 나를 행복하게 하는 단순하고 사소한 것들이 무엇인지 찾아봅시다.

살고, 사랑하고, 웃으라. 그리고 배우라.
이것이 우리가 이곳에 존재하는 이유다.
삶은 하나의 모험이거나, 그렇지 않으면 아무것도 아니다.
지금 이 순간, 가슴 뛰는 삶을 살지 않으면 안 된다.

- 엘리자베스 퀴블러 로스 -

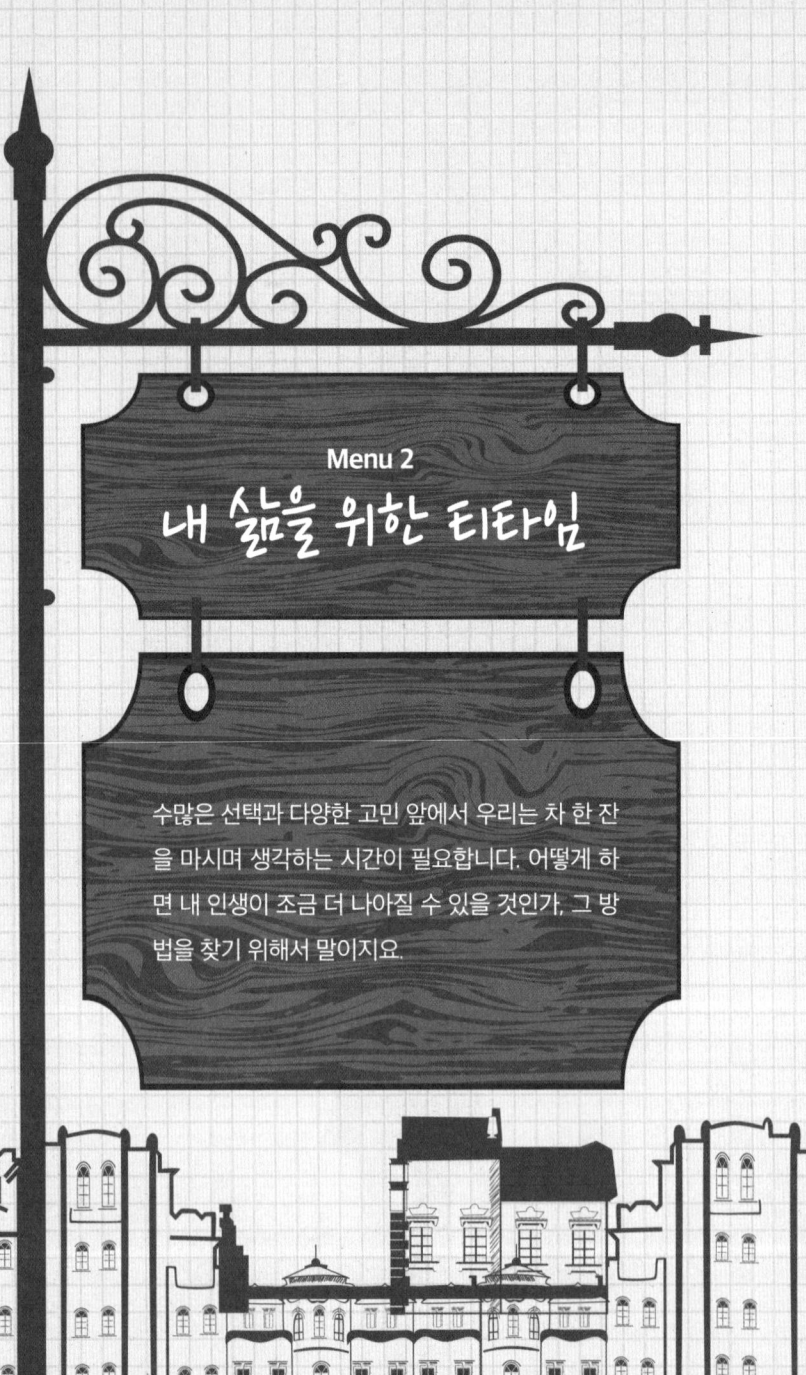

**Menu 2**
## 내 삶을 위한 티타임

수많은 선택과 다양한 고민 앞에서 우리는 차 한 잔을 마시며 생각하는 시간이 필요합니다. 어떻게 하면 내 인생이 조금 더 나아질 수 있을 것인가, 그 방법을 찾기 위해서 말이지요.

# 별똥별이 떨어지는 순간

바디매오

● 겨울이 끝날 즈음 농부는 파종 준비를 합니다. 좋은 씨앗을 준비하고 대지가 녹으면 논밭에 불을 놓아 숨어 있는 해충을 죽입니다. 농기계로 땅도 갈아엎습니다. 땅을 갈아엎어야 산소가 공급돼 기름진 땅을 만드니까요. 자연히 잡초도 제거됩니다. 이런 과정으로 씨앗이 잘 자랄 수 있는 환경을 만들어놓는 거죠. 이렇게 옥토를 만들어놓은 뒤 농부는 씨앗을 뿌립니다. 그런 다음 한 해 농사가 잘되기를 간절히 바랍니다.

가슴속에 소망을 품는다는 게 이런 의미 아닐까요? 씨앗을 파종하는 농부의 마음처럼 준비하고 기대하며 자신이 할 수 있는 일에 최선을 다하는 것. 그리고 자신이 뿌린 씨앗이 비와 바람, 햇빛을 잘 견뎌내주기를 바라는 마음처럼 말입니다.

뭔가에 흠뻑 빠져 있는 사람은 시간과 장소를 막론하고 오직 그것만 생각합니다. 어쩌면 그런 태도가 소망을 품고 있는 사람의 자세일 겁니다. 별똥별이 떨어질 때 소원을 빌면 이뤄진다는 말이 있죠. 하지만 워낙 찰나의 순간에 떨어지다 보니 소원을 비는 게 그리 만만치 않습니다. 거기다 매일 소망하듯 품고 있는 바람이 아니라면 별똥별을 본다 한들 소원을 고민하다 그 순간을 놓쳐버리게 되죠. 때문에 언제나 단단하게 가슴에 품고 있어야 하는 게 소원입니다.

『성경』에 나오는 바디매오 이야기를 아시나요? 앞을 볼 수 없는 맹인 바디매오는 간절함으로 소망을 이룬 인물로 등장합니다. 어느 날 예수가 자신의 마을을 지나간다는 소식을 듣고 바디매오는 길목에 자리 잡고 앉아 소리쳐 부릅니다.

"다윗의 자손 예수여, 나를 불쌍히 여기소서!"

그러자 주변 사람들이 조용히 하라며 바디매오를 꾸짖었습니다. 하지만 바디매오는 아랑곳하지 않고 더 큰 소리로 예수를 불렀습니다. 그 소리를 들은 예수가 물었습니다.

"내가 네게 무엇을 주기를 원하느냐?"

바디매오는 잠시의 망설임도 없이 말했습니다.

"보기를 원하나이다."

그러자 예수는 바디매오의 눈을 즉시 뜨게 해주었을 뿐 아니라 그의 태도까지 칭찬해주었습니다.

지금 누군가 당신에게 "네게 무엇을 해주기를 원하느냐?"라고 물으면 어떤 요구를 할 건가요? 아니, 당장 눈앞에서 별똥별이 떨어지고 있다면 어떤 소원을 빌 건가요? 예기치 않은 순간이라고 해도 툭 하고 튀어나올 만큼 간절하게 원하는 소원이 있나요? 그런 소원을 씨앗으로 가슴속에 품고 있다면 어떨까요? 그 마음은 이미 소원을 이룬 것처럼 설레고 떨릴 겁니다. 이미 마음속에는 어떤 열매가 열릴 것인지 훤히 내다볼 수 있으니 삶에 대한 기대와 소망도 넘칠 테지요. 마치 봄의 기운이 싹틀 때 씨앗을 뿌리는 농부의 마음처럼 말입니다.

오랜 숙고 끝에 나는,
확고한 목적을 가진 사람은 그것을 성취할 수밖에 없고
인생을 걸고 목적을 실현시키려는 강한 의지는
그 무엇도 막을 수 없다는 확신에 도달하게 되었다.
당신이 정말로 무언가를 원한다면
당신은 길을 발견할 것이다.
당신이 원하는 것이 아무것도 없다면
당신은 변명을 발견할 것이다.

- 벤저민 디즈레일리 -

## 내가 어떤 일을 더 할 수 있을까
리버먼

● 열매를 거두기 위해선 씨를 뿌려야 할 때가 있고 가꾸고 돌봐야 할 때가 있습니다. 땀을 흘리고 비바람에 휘청거리는 것을 바라봐야만 할 때도 있습니다. 분명한 것은 때를 놓치면 좋은 열매를 거두기 어렵다는 것입니다.

하지만 인생의 씨앗을 뿌리고 열매를 맺는 것에는 조금 다른 시각이 필요합니다. 어느 시기에 꿈의 씨앗을 품고 가꾸면 될까요? 언제쯤 꿈을 이뤄야만 할까요? 어느 때 목표를 이뤄야 성공적인 삶을 살았다고 이야기할 수 있을까요?

꿈을 이루기 위한 좋은 '때'란 없습니다. 청소년기는 많은 것을 배워나가고 꿈을 이루고자 준비해야 할 때입니다. 그러나 이때를 놓쳤다고 공부를 더 할 수 없거나 꿈꿀 수 없는 것은 아닙니다. 세월이 흘러도 의지만 있다면 얼마든지 공부할 수 있고 꿈도 이뤄갈 수 있습니다. 늦었다고 생각할 때가 늦은 것이지 인생에서 너무 늦은 때란 없기 때문입니다.

 늦은 나이에 꿈을 이룬 사람들의 이야기는 무수히 많습니다. 인생의 황혼기에 접어들어 누군가는 노후를 즐길 때 어떤 사람은 꿈을 향해 다시 열정을 불태우고 도전합니다. 그래서 젊은 시절 이루지 못했던 것들을 수확하고 거둬들입니다. 인생의 경험과 지혜, 성찰을 통해 깨달은 것이 목표를 이루는 데 디딤돌이 되는 것입니다.

 50년간 정신과 전문의이자 교수로 학생들을 가르쳐온 이근후 박사는 76세 최고령 나이에 고려대 사이버대학 문화학과를 수석 졸업했습니다. 그는 늦은 나이에 시작한 공부에 대해 이렇게 전합니다.

 "일생 동안 해온 공부의 단계를 놓고 보면, 일흔 넘은 나이에 사이버대학에서 시작한 공부가 제일 재미있었다. (…) 나이 들어서 공부는 뭣에 쓰려 하느냐, 쓸데없는 일에 시간 낭비하지 말라고들 한다. 그런데 공부가 꼭 쓸데가 있어야 하는 것은 아니다. 톨스토이는 노년에 이탈리아어를 배우기 시작했다. 이탈리아어의 어떤 매력이 호호백발 톨스토이의 호기심을 건드렸을 것이다."

 이근후 박사는 톨스토이도 나이 들어 이탈리아어를 배우며 얻은 호기심으로 왕성한 활동을 했을 거라고 이야기합니다. 나이에 상관없이 배움을 강조한 것이지요. 늦은 나이에 배운 것으로 괄목할 만한 성과는 내지 못했더라도 자기 인생의 보람과 의미를 찾을 수 있으니 그것만으로 충분했을 것입니다. 나이 들었다고 포기한 것이 아니라 삶의 열정을 불태운 것에 오히려 박수를 보내야 합니다.

<u>해리 리버먼</u>은 은퇴 후 76세에 처음으로 붓을 들었고, 81세에 본격적으로 그림을 공부하기 시작했습니다. 대학 교육과정을 밟지 않고 시니어클럽에서 겨우 10주간 교육을 받은 것이 전부였지만, 그는 그림을 그리면서 자기 내면에 숨겨져 있던 재능이 꿈틀거리는 걸 느낄 수 있었습니다. 그때부터 그는 자신의 고향인 폴란드의 기억을 되살려 그림을 그리기 시작했습니다. 누구도 흉내 낼 수 없는 자신만의 그림을 그리게 된 것입니다. 유태인의 평범한 일상과 탈무드, 『구약 성경』의 이야기도 그림의 소재가 되었습니다. 어렸을 때 랍비가 되려고 했던 소망을 그림으로 표현했습니다. 그리고 101세까지 22회의 개인전을 열었습니다. 이제는 '미국의 샤갈'이라고 불리는 리버먼은 언젠가 사람들에게 이렇게 말했습니다.

"몇 년이나 더 살 수 있을까 생각하지 말고 내가 어떤 일을 더 할 수 있을까 생각해보세요. 무언가 할 일이 있는 것, 그게 바로 삶입니다."

리버먼과 같은 인생을 산 이들이 많습니다. 소설가 박완서는 마흔 살에 『나목』이 당선되면서 글을 쓰기 시작했고, KFC를 창업한 흰 수염 할아버지 커널 샌더스는 65세에 첫 매장을 열었습니다. 무려 1008번 문전박대를 당하고 1009번째에 계약에 성공해서 성공신화를 써나갔습니다. 괴테는 불멸의 역작 『파우스트』를 죽기 한 해 전인 82세에 완성했습니다. 그가 숨을 거둘 때는 "언제나 갈망하며 애쓰는 자, 그를 우리는 구원할 수 있다."는 말을 남기기도 했습니다. 슈바이처는 아프리카에서 의료봉사를 하기 위해 서른 살에 의과대학에 등록했습니다.

이미 박사학위가 있어 먹고사는 것에 문제가 없었지만 자신의 인생 목표를 향해 새로운 발걸음을 내디뎠습니다. 그 결과 인류애를 실천하면서 뜻깊게 살아갔습니다.

너무 늦은 때란 없습니다. 하고 싶은 일에 도전할 용기가 없을 뿐입니다. 마음이 움직이는 것에 반응하며 도전하면 됩니다.

저들이 늦었다 생각하고 어떤 도전도 하지 않고 포기했다면 누군가의 희망이 될 수 없었을 것입니다. 너무 늦은 때란 자신의 마음의 결정에 따라 달라지는 것이지 생물학적인 나이로 제한할 수 있는 것이 아닙니다. 지금 나이가 몇 살이든 상관없습니다. 희망을 품고 도전해야 할 목표와 꿈이 있다면 다시 시작하면 됩니다. 그런 의지와 도전정신이라면 이미 꺼지지 않는 열정을 갖고 있는 것입니다.

배움을 멈추지 말아야 한다.
날마다 한 가지씩 새로운 것을 배우면
경쟁자의 99퍼센트를 극복할 수 있다.

- 조 카를로스

## 우리의 삶은 오늘의 연속
### 칼라일

● 인생은 결심과 노력에 달렸다고 합니다. 하지만 결심을 아무리 많이 한다 해도 작심삼일을 반복하다 보면 인간의 나약함을 보게 되고 노력마저 시들해지기 마련입니다. 그렇다 보니 인생을 변화시키는 게 말처럼 쉽지 않습니다.

젊었을 때는 모든 것을 할 수 있을 것 같았습니다. 청춘이라는 특권으로 불가능을 넘어선 도전이 아름답기까지 했지요. 하지만 나이가 들수록 내 힘으로는 안 되는 일이 많다는 것을 깨닫고, 도전할 기회조차 얻기 힘든 시대를 살기에 결심도 노력도 부질없는 것이 아닌가 생각하게 됩니다. 원하는 목표, 자식에게 거는 기대, 사업에 대한 전망, 사람과의 관계 등 지킨다고 하지만 다 지킬 수 있는 것도 아니고 간절히 원한다고 해서 다 이뤄지지도 않습니다. 그렇다고 모든 것을 내던지고 도망칠 수도 없는 노릇이지요.

  이렇게 살길이 막막하고 때때로 좌절하며 다시 일어서기 힘들 때 저는 지금 하는 일에 최선을 다하는 방법을 선택하기로 했습니다. 알프레드 디 수자의 유명한 시처럼 한 번도 상처받지 않은 것처럼 사랑하고, 아무도 듣고 있지 않은 것처럼 노래하고, 돈이 필요하지 않는 것처럼 일을 하려 애썼습니다. 오늘이 마지막 날인 것처럼 하루하루를 살아보자 마음먹었습니다.

  영국의 사상가 토머스 칼라일도 '오늘'의 중요성을 시로 말했습니다.

### 오늘을 사랑하기

토머스 칼라일

어제는 이미 과거 속에 묻혀 있고
미래는 아직 오지 않은 날이라네.

우리가 살고 있는 날은 바로 오늘
우리가 사용할 수 있는 날은 오늘
우리가 소유할 수 있는 날은 오늘뿐.

오늘을 사랑하라.
오늘에 정성을 쏟아라.
오늘 만나는 사람을 따뜻하게 대하라.

오늘은 영원 속의 오늘

오늘처럼 중요한 날도 없다.

오늘처럼 소중한 시간도 없다.


오늘을 사랑하라.

어제의 미련을 버려라.

오지도 않은 내일을 걱정하지 말라.

우리의 삶은 오늘의 연속이다.


오늘이 30번 모여 한 달이 되고

오늘이 365번 모여 일 년이 되고

오늘이 3만 번 모여 일생이 된다.


헛되이 보낼 수 없는 오늘, 지금 하고 있는 일에 최선을 다하면 우연한 기회에 가슴 뛰는 일과 만나게 될지도 모릅니다. 오늘이 마지막인 것처럼 살다 보면 그것이 자신이 해야 할 평생의 사명이 되기도 합니다. 의외로 많은 사람들이 이런 삶을 살았습니다.

혹독한 병마와 싸워오면서도 세상 사람들에게 희망과 긍정적인 삶을 보여주었던 장영희 교수가 그렇습니다. 장애를 안고 살아가면서 느끼는 시련, 어렵고 힘든 일을 맞닥뜨렸을 때 그녀가 내린 선택을 『내 생애 단 한 번』에서 이렇게 밝혔습니다.

"마치 나는 땅바닥에 앉아 있고, 다른 사람들이 그런 나를 에워싼 채

보고 있는 듯한 느낌, 얼른 일어나 도망가고 싶지만 일어설 수도, 도망갈 수도 없는 당혹감, 너무 부끄러워 당장이라도 땅속으로 꺼지고 싶은 심정이다. 그럼에도 불구하고 이렇게 책을 엮게 된 것이 무척 자랑스럽다. (…) 못한다고 아예 시작도 안 하고, 잘 못한다고 중간에서 포기했다면 지금쯤 내가 할 수 있는 일이 무엇이 있을까."

 나아갈 길이 보이지 않고 뭘 해야 될지 모르겠다면 지금 할 수 있는 일을 떠올려보세요. 최선을 다해 할 수 있는 것만 생각하는 지혜가 필요합니다. 토머스 칼라일이 말한 것처럼 우리의 삶은 오늘의 연속이고, 오늘은 내 인생을 바꿔줄 유일한 내 편이기 때문입니다.

자신이 통제할 수 없는 것이 무엇인지 안다면,
그 피할 수 없는 자연의 순리를 따르는 법을 안다면,
그리고 평화롭게 사는 법을 안다면,
이미 덕이 완성된 것이다.
그냥 그대가 할 수 있는 것을 해라.
무슨 일이 일어나든 그것이 좋은 것이다.

- 장자 -

## 네 잎 클로버를 찾기 전에
### 크라이슬러

● 가끔 사람들에게 이런 말을 듣습니다. '인생 역전할 수 있는 기회가 있었으면…….' '기회만 주어지면 보란 듯 멋지게 살 수 있을 텐데…….'

기회에 대한 갈망은 어떤 것도 해낼 수 있다는 자신감까지 만들어냅니다. 하지만 그런 기회조차 가질 수 없는 현실이 눈에 보이면 아쉬워하고 때로는 자신의 환경이나 배경을 보며 원망까지 늘어놓습니다.

그런데 이렇게 불평하는 사람에게 기회가 주어지면 과연 그 기회를 자신의 것으로 만들 수 있을까요? 확신할 수는 없지만 모두가 그렇지는 않을 겁니다. 기회는 눈앞에 나타날 때까지 기다리는 것이 아니기 때문입니다.

프랑스 화학자 파스퇴르는 "행운이란 마음의 준비가 되어 있는 자에게만 미소를 보낸다."고 말했습니다. 이렇듯 기회는 자신이 스스로 찾아내는 것입니다. 준비된 사람이 기회를 발견할 수 있다는 의미입니다. 준비가 되지 않은 사람은 자신의 눈앞에 기회가 찾아와도 그것이 기회인 줄 모르고 놓칠 수밖에 없습니다. 기회를 잡으려면 평소에 준비가 돼 있어야 합니다. 그 준비란 자신이 하고 싶은 것에 대해 끊임없이 탐구하고 열정을 쏟아붓는 것입니다. 그런 행동이 뒷받침되어야 진짜 기회가 왔을 때 그것을 발견할 수 있습니다.

미국 크라이슬러 자동차 창업주인 월터 크라이슬러는 사람들이 성공하지 못하는 이유를 이렇게 말했습니다.

"기회가 앞문을 두드릴 때 뒤뜰에 나가 네 잎 클로버를 찾기 때문이다."

매우 현실적이면서도 피부에 와 닿는 이야기입니다. 월급쟁이였던 크라이슬러는 퇴근 후 밤을 새며 자동차를 분해하고 조립하기를 반복하며 피나는 노력을 했습니다. 그 결과 자동차에 문외한이던 그는 자동차 박사가 됐고 자동차 회사를 세우게 됩니다. 크라이슬러의 집념과 성장하고자 하는 욕구가 오늘날의 그를 만들었습니다.

『논어』술이 편에서 공자는 배우고자 하는 태도에 대해 이렇게 말했습니다.

"배우려는 열의가 없으면 이끌어주지 않고, 표현하려고 애쓰지 않으면 일깨워주지 않으며, 한 모퉁이를 들어 보였을 때 나머지 세 모퉁이를 미루어 알지 못하면 반복해서 가르쳐주지 않는다."

마음으로 준비되지 않으면 가르쳐도 소용이 없다는 의미입니다. 학습하는 데 있어 열정을 가지고 힘쓰지 않으면 아무리 가르쳐도 깨달음을 얻지 못하기 때문입니다.

　공야장 편에도 이와 같은 일화가 전해집니다. 늘 행동보다는 말이 앞서는 재여가 낮잠을 자고 있었는데, 그런 재여를 보고 공자가 이렇게 말했습니다.

　"썩은 나무에는 조각을 할 수 없고 더러운 흙으로 쌓은 담장에는 흙손질을 할 수가 없다. 재여에 대해 무엇을 꾸짖겠는가? 처음에 나는 사람에 대하여 그의 말을 듣고는 그의 행실을 믿었는데, 이제는 사람에 대하여 그의 말을 듣고도 그의 행실을 살펴보게 되었다. 재여로 인해서 이를 바꾼 것이다."

　말만 번지르르한 것이 아니라 자신이 해야 할 일에 최선을 다해야 함을 의미하는 말입니다. 기회가 주어지지 않는다고 불평할 것이 아니라 자신이 하고 있는 일에 최선을 다하는 것이 중요하다는 말과 같습니다. 기회는 도깨비방망이처럼 한번 두드리고 간절히 원한다고 해서 주어지는 것이 아닙니다. 자신이 하고 있는 일에 온 신경을 곤두세우고 있을 때 비로소 발견할 수 있습니다.

　모죽$^{毛竹}$이라는 대나무가 있습니다. 이 대나무는 씨를 뿌리고 거름과 물을 주며 정성껏 돌봐도 싹이 쉽게 돋아나지 않는다고 합니다. 무려 5년을 새싹 하나 돋아낼 기미조차 보이지 않다가 5년이 지나면 불쑥 싹을 틔우고 하루에 무려 80센티미터씩 자라기 시작합니다. 그리고 30미터가 될 때까지 거침없이 하늘로 치솟아 오릅니다. 5년을 기다리다 지친 사람들은 빨리 자란 만큼 쉽게 쓰러질 거라 생각하고 모죽의 뿌리가 견딜 수 있을지 의심스러워 파보기로 했습니다. 그런데 이게 웬일인가요. 모죽의 뿌리는 사방팔방으로 얽히고설켜 파도 파도 끝이 보이지 않았습니다. 파낸 뿌리를 합쳐보니 길이가 무려 4킬로미터에 달했습니다. 모죽은 5년 동안 하루아침에 자랄 것을 대비해 땅속 깊이 뿌리를 내린 것입니다. 기회가 왔을 때 버틸 힘을 축적하면서요.

 그렇다면 우리가 해야 할 일은 무엇일까요? 모죽이라는 대나무처럼 기회가 왔을 때 그것이 기회인 것을 발견할 수 있도록 준비하는 자세로 살아야 합니다. 겉으로 나타나는 변화는 없지만 언젠가는 스쳐 지나가는 기회를 낚아챌 수 있도록 뿌리를 깊이 내리고 단단히 서 있어야 합니다. 그러면 언젠가는 기회를 붙잡고 비상할 수 있습니다. 누구에게나 기회는 찾아옵니다. 다만 준비된 사람만이 기회를 발견하고 낚아채 자신의 것으로 만들 수 있습니다. 그런 날을 대비해 오늘 하루 내 삶에 뿌리를 내리는 노력이 필요합니다.

나무는 땅속에 보이지 않는 뿌리를 먼저 키운 다음에야 무럭무럭 자랄 수 있다.
사람도 그 뜻한 바를 이루려면, 먼저 실력부터 키워야 한다.
평소에 실력을 키워둔 사람은 기회를 만나면 두각을 나타내게 된다.

- 홍자성 -

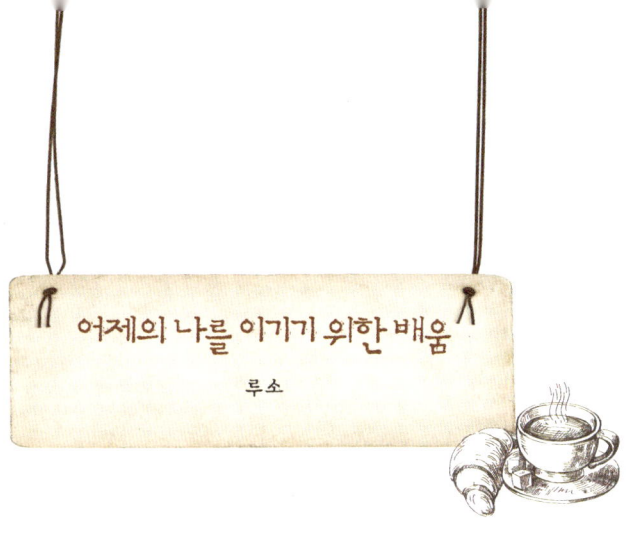

## 어제의 나를 이기기 위한 배움
### 루소

● 우리는 마치 공부하기 위해 이 세상에 태어난 것처럼 살아갑니다. 유치원 때부터 학습지 한두 개는 기본이고 초등학교에 들어가면 꽉 찬 시간표로 숨통을 조여옵니다. 아이들은 한순간도 마음 놓고 운동장에서 뛰어놀 수 없습니다. 중·고등학교에 들어가면 상황은 더 심해집니다. 대학입시를 위해 새벽부터 늦은 저녁까지 쉴 틈 없이 공부를 해야 합니다. 대학에 들어가면 이제 스펙 쌓기에 몰두합니다. 회사에 취업하면 업무의 효율성과 살아남기 위해 평생 공부에 전념해야 합니다.

이렇게 공부하는 시간과 양이 많은데도 많은 사람들이 배움의 의미를 깨닫지 못해 공부하는 과정 자체를 힘들어합니다. 그저 경쟁에서 살아남기 위한 공부만 하다 보니 그렇습니다. 이제는 삶을 성장시키는 배움이 무엇인지 살펴보아야 합니다. 배움의 진보를 위해서 『논어』의 시작을 알리는 이야기에 귀 기울이면 좋을 듯합니다.

"배우고 때때로 그것을 익히면 또한 기쁘지 않은가?"

여기서 때때로는 '가끔'이나 '시간 날 때'라는 의미가 아니라 '배운 것을 적용할 기회가 있을 때마다 수시로 반복한다'의 의미로 이해해야 합니다.

공자는 "배운 것을 늘 자신의 것으로 익히는 시간이 기쁘지 아니한가?"라고도 되묻습니다. 배움의 과정에 즐거움이 더해져야 한다는 말이지요. 또한 온전히 자신의 것으로 만들기 위해 배움을 익히는 시간이 반복되어야 함을 강조합니다. 반복의 시간이 더해질 때 배운 것은 단순한 지식으로 끝나지 않고 지혜로 발현되기 때문입니다. 지혜가 곧 삶으로 연결될 수 있도록 죽은 지식이 아닌 살아 있는 지식으로 변환시켜야 삶의 질을 높이는 데 밑거름으로 작용할 수 있습니다.

또한 공자는 배움의 진보를 위해서는 생각하는 과정이 필요하다고 말합니다. 이 이야기는 『논어』위정 편에 나옵니다.

"배우기만 하고 생각하지 않으면 막연하여 얻는 것이 없고, 아무리 생각해도 배우지 않으면 위태롭다."

생각하는 것은 배움의 지식을 깊이 있게 사색하라는 의미도 있지만 더 넓게 보면 실천의 중요성을 강조하는 말에 가깝습니다. 실천으로 이어지는 배움이라야 인생이 변화될 수 있기 때문입니다.

그렇다면 배움이 모든 사람들의 성장을 뒷받침해줄까요?

시간과 노력에 비해 배움의 효율성이 떨어지는 경우가 있습니다. 지나친 경쟁으로 인해 쉽게 지치고 배움의 진보를 이뤄나갈 수 없기 때문입니다. 그래서 '인간을 인간답게 길러라'라는 모토로 자연주의 교육을 주장한 장 자크 루소의 이야기를 들어볼 필요가 있습니다. 그는 『에밀』에서 배움의 진보에 대해 이렇게 조언합니다.

"질투심이나 허영심 때문에 공부한다고 하면 차라리 배우지 않는 게 좋다. 다만 나는 그가 이룩해온 진보를 해마다 기록하여 그것을 다음 해에 이룩한 진보와 비교해보도록 할 것이다. '너는 이러한 면에서 성장하였다. 전에는 이 정도까지 할 수 있었는데 지금은 더 잘할 수 있을까?'라고 말하면서 자기 자신을 경쟁 상대자로 삼게 할 것이다. 그는 틀림없이 전보다 잘하려고 노력할 것이다."

남과 경쟁하지 말고 자신을 경쟁 상대로 삼아야 배움의 진보가 자연스럽게 이뤄진다고 루소는 말합니다. 다른 사람과의 경쟁에 길들여진 우리가 쉽게 받아들이기 힘든 말 같지만 곰곰이 생각해보면 루소의 말이 맞습니다. 어제의 나보다 조금 더 성장하겠다는 목적으로 배움에 임한다면 기쁨이 넘칠 것입니다. 배움에는 한계도 없습니다. 어제의 나를 이기는 공부는 언제나 스스로를 성장시킵니다. 이런 과정에서 기쁨도 실행력도 동반될 것입니다.

지금 어떤 자세로 배움에 임하고 있나요? 타인과의 경쟁에서 이기기 위해, 조금 더 유리한 위치를 선점하기 위해 배우고 있나요? 아니면 자기 내면의 성장과 발전을 위해서인가요? 배움의 자세를 점검하는 것이 세상으로 나아가는 준비의 시작이 될 것입니다. 그러면 배움의 현장이 전쟁터가 아닌 설레고 희망으로 가득 찬 여행길이 될 것입니다.

인간의 정신은 교육과 훈련에 빠르게 반응한다.
그 정신으로 하여금
당신이 원하는 어떤 것이든
당신에게 돌려주도록 만들어라.

- 노먼 빈센트 필 -

## 삶의 태도가 인생을 바꾼다
### 엘리엇

● 세상에서 가장 잔인한 것은 자유를 억압하는 일이라고 생각합니다. 스스로 선택할 수 있는 것이 없고 마음대로 행동할 수 없다면 얼마나 답답할까요? 자기 생명의 선택까지 누군가에 의해 결정된다면 그 인생은 비참할 것입니다. 언제 죽을지 모르는 상황에서는 희망을 노래할 수 없으니까요. 그렇지만 주어진 상황을 바꿀 수 없는 캄캄한 삶에도 한 가닥 희망의 빛줄기는 있습니다. 그것은 마음의 태도를 바꾸는 것입니다. 상황은 바꿀 수 없지만 그것을 바라보는 마음의 태도는 자유롭게 선택할 수 있기 때문입니다.

흔히 4월을 잔인한 달이라고 말합니다. T. S. 엘리엇의 '황무지'라는 시에서 유래되어 그렇게 부르는데, 시의 첫 단락은 이렇습니다.

# 황무지

T. S. 엘리엇

4월은 가장 잔인한 달
죽은 땅에서 라일락을 키워내고
기억과 욕망을 섞어서
봄비로 잠든 뿌리를 뒤흔든다.
차라리 겨울은 우리를 따뜻하게 했었다.
망각의 눈<sub>雪</sub>으로 대지를 덮고
마른 구근<sub>球根</sub>으로 가냘픈 목숨을 먹여 살려주었다.

  마른 땅을 뚫고 싹을 틔워야 하는 현실의 두려움이 엿보입니다. 험난한 세계로 나가야 하는 상황이 힘들게 느껴집니다. 그러면서 눈으로 땅을 덮어주고 이전 해에 맺고 있던 영양분으로 생명을 유지시켜주던 겨울이 오히려 따뜻했다고 위안을 삼습니다. 하지만 이제는 바깥세상으로 나가야 합니다. 나가기 싫은데도 자꾸만 봄비로 흔들어 깨우며 현실과 숙명을 받아들이라고 재촉합니다. 그래서 잔인하다는 것입니다.
  어떤 이는 싹이 났지만 꽃을 피우지 못해 잔인한 달이라고도 해석합니다. 그 이유는 땅이 씨앗을 틔울 수 없는 황무지이기 때문입니다. 황무지에서는 싹을 틔우고 꽃을 피울 수 없습니다. 아무리 발버둥 쳐도 소용없기에 차라리 땅속에 웅크리고 있는 겨울이 낫다고 봅니다. 봄이 오지 않길 바라는 마음이 굴뚝같을 것입니다. 그런 상태가 잔인한 것이라고요.

 그렇다면 잔인한 삶을 이겨내는 비결은 무엇일까요? 황무지를 비옥한 옥토로 바꾸는 작업이 필요합니다. 옥토에서는 어떤 씨앗도 쉽게 싹을 틔우고 풍성한 열매를 맺을 수 있습니다. 옥토는 30배, 60배, 100배의 결실을 거둘 수 있습니다. 황무지를 옥토로 바꾸는 것은 마음을 새롭게 하는 것입니다. 안 될 것 같고 죽을 것 같을지라도 조금이라도 좋은 생각을 하고 좋은 면을 바라보는 노력을 하는 것입니다. 세상으로 나아가야 하는 숙명을 받아들이는 것도 중요합니다. 언제까지 웅크리고 숨어 있을 수는 없습니다. 다시 세상으로 나가 보란 듯이 싹을 틔우고 가지를 뻗어 꽃을 피워야 하니까요. 그게 우리가 이 세상에 태어난 이유입니다.

 나치 수용소인 아우슈비츠에서 살아남은 사람들은 마음의 태도를 바꿔서 목숨을 건질 수 있었습니다. 그들은 '곧 살아 나갈 수 있을 거야'라는 막연한 낙관주의자들이 아니었습니다. 그렇다고 지나치게 비관주의자들도 아니었습니다. 현실을 직시하며 자신의 마음을 바꾸었습니다. '여기서 죽을 수도 있어. 그래도 정신 바짝 차리고 있어야 해. 생명을 포기할 수는 없잖아.' 헛된 망상도 비관도 하지 않으면서 자신이 할 수 있는 일을 했습니다. 매일 아침 일어나 세수를 하고 유리 조각을 주워 면도를 했습니다. 자기 자신을 깨끗하게 유지하면서 기회가 올 날을 기다렸습니다. 그 결과가 인생을 계속 이어갈 수 있게 해주었습니다. 그 주인공이 바로 『죽음의 수용소에서』를 쓴 빅터 프랭클입니다.

 모든 것을 상실하도록 만든 강제수용소에서 그는 상황을 바라보는 마음의 태도를 바꿨습니다. 평범한 삶에서는 당연했던 것들이 그곳에서는 철저히 박탈당했기 때문입니다. 남은 것이라고는 오로지 '인간이 가지고 있는 자유 중에서 가장 마지막 자유'인 '주어진 상황에서 자신의 태도를 취할 수 있는 자유'뿐이라는 것을 그는 깨달았습니다. 그것이 잔인했던 삶을 이겨내는 비결이었습니다.

여러분 마음속의 계절은 몇 월인가요? 아직 꽁꽁 얼어붙은 12월인가요, 아니면 세상에 나가는 것을 두려워하며 망설이는 4월인가요? 마음의 계절을 바꿀 수 있는 순간은 바로 지금이며, 이는 삶을 대하는 태도에 달렸다는 것을 잊지 마시길 바랍니다.

이상적이라는 것은 결코 오지 않는다.
오늘은
오늘을 이상적인 것으로 만드는 사람에게 이상적이다.

- 호라티오 W. 드레서 -

# 기적을 발견하는 일
## 로버트 슐러

● 긍정적인 사람과 부정적인 사람을 말할 때 흔히 물이 담긴 컵 이야기를 합니다. 절반의 물이 담긴 컵을 보고 어떤 사람은 반이나 남았다고 하고, 어떤 사람은 반밖에 안 남았다고 합니다. "여러분은 어느 쪽입니까?"라는 질문 또한 많이 받았을 겁니다. 똑같은 상황을 보고 '왜 어떤 사람은 긍정적으로 보고 또 다른 사람은 부정적으로 볼까?'라는 이유를 따질 수는 없을 것입니다. 왜냐하면 태어나서부터 현재까지 그 사람이 살아온 인생의 모든 과정을 살펴야 하니까요.

 긍정적으로 본다는 것은 믿음입니다. 최악보다는 최선의 일이 일어날 것을 생각하며 사는 것입니다. 최악의 상황에서도 그것을 최악이라 생각하지 않는 것입니다. 현재는 아니지만 다음에는 분명히 좋은 일이 일어나리란 기대를 품고 나아가는 것이죠. 자신의 믿음대로 일이 펼쳐질 것이라고 생각하는 겁니다.

반대로 부정적인 사람은 좋은 일이 일어나도 그것을 좋은 쪽으로 발전시키지 못합니다. 좋은 일이 일어난 이면에 숨겨져 있는 부정적인 요소에 마음이 있기 때문입니다. 그러다 보니 번번이 부정적인 결과로 끝이 나는 경우가 많습니다.

우리에게 일어나는 일 중 90퍼센트는 바꿀 수 없는 것들이라고 합니다. 고작 10퍼센트 정도를 마음대로 바꿀 수 있는데, 우리 삶은 이 10퍼센트에 대해 어떻게 반응하는지에 달렸다는 겁니다. 특히 부정적으로 반응하는지, 긍정적으로 반응하는지에 따라 인생의 성패가 좌우된다고 합니다.

사실 상황을 긍정적으로 보느냐, 부정적으로 보느냐는 습관화된 감정에 좌우됩니다. 평소 부정적인 것에 익숙한 사람은 기쁜 일이 있어도 그것이 어색해서 다시 익숙한 감정인 부정적 감정을 갖는다고 합니다. 정신과 전문의 박용철의 『감정은 습관이다』에 보면 이런 내용이 나옵니다.

"뇌는 습관이 된 감정을 더 확대하고 강화합니다. 뇌가 '불안'이란 감정에 습관이 들어 있으면, 우리는 불안을 유발하는 일에 더 신경을 쓰고, 안 좋은 일이 발생하면 실제보다 훨씬 큰 걱정과 불안을 느낍니다. 반대로 행복이란 감정에 습관이 들어 있으면, 기분 좋은 일이 발생했을 때 뇌는 훨씬 큰 관심을 두며 그 느낌을 확대해서 받아들일 것입니다."

다시 말해 긍정적인 반응과 부정적인 반응은 습관화된 결과라는 것이죠. 그러니 긍정적으로 생각하는 훈련이 필요합니다. 세계적인 리더십 전문가인 존 맥스웰은 "사람들이 꿈을 이루지 못한 한 가지 이유는 그들이 생각을 바꾸지 않으면서 결과를 바꾸고 싶어 하기 때문이다."라고 말했습니다. 생각을 바꾸는 것이 무엇보다 필요하다는 의미이지요.

그렇다면 어떻게 해야 긍정적으로 변할 수 있을까요? 먼저 말을 바꾸는 것이 필요합니다. 말은 생각의 표현이고 말하는 대로 인생이 펼쳐지기 때문입니다. 생각이 부정적이면 부정적인 말이 나올 수밖에 없습니다. 우리는 입술의 열매로 살아가는 존재이기 때문에 무심코 튀어나오는 말을 의식적으로 관리해야 합니다. 평소에 하는 말을 점검하고 부정적인 언어는 삼가는 노력을 기울여야 합니다. 말하기 전에 한 번 더 생각하는 것도 좋습니다. 하려는 말이 부정적인지 긍정적인지 생각한 다음 말하는 훈련을 하다 보면 좋은 면을 보고 말할 수 있게 됩니다. 좋은 면을 보고 말하는 태도가 습관이 될 때까지 해보는 것입니다.

긍정적으로 변하기 위한 방법 중에 감사 목록을 쓰는 것도 좋습니다. 감사 목록은 하루 동안 일어난 일들 중에 감사할 것을 찾아 쓰는 것입니다. 감사할 내용을 찾으려면 당연히 긍정적인 면을 볼 수밖에 없습니다. 부정적인 일이 일어나도 그 안에서 좋은 면을 보게 하는 반전의 묘미도 일어납니다. 이미 많은 사람들이 감사 목록이나 감사 일기로 인생을 바꾸는 경험을 했습니다. 유명한 목사이자 심리학자였던 로버트 슐러는 "하루에도 수백만 가지의 기적이 일어나지만 그 기적은 기적이라 믿는 사람에게만 기적이 된다."며 인생을 바라보는 태도의 중요성을 말했습니다. 감사의 덕목을 찾는 것은 기적을 맛보는 행동이며 긍정적인 면을 보는 것이죠. 자신이 보고 말한 대로 인생이 펼쳐지니 당연히 행복한 삶을 살게 되는 것입니다. 내 마음과 생각이 긍정적인 것에 저절로 반응할 때까시 훈련해봅시다. 훈련 없이 뭔가 얻으려는 마음부터 바꾸는 것이 긍정적인 인생을 사는 첫걸음입니다.

낙관주의는 느낌이 아니다.
낙관주의는 미래에 대한 믿음이다.
낙관적인 사람은 나쁜 일보다 좋은 일이 있을 것이며
모든 일이 순리대로 진행될 것임을 믿는다.
그들은 미래를 긍정적으로 받아들이며,
앞날이 불확실하다는 것은
최악보다 최선의 일이 일어날 수 있는 기회를 말하는 것이라고 믿는다.

- 수잔 세거스트롬 -

## 한 번 더, 또 한 번
에드워드 불워 리턴

● 실수 없는 인생은 없습니다. 자신의 의도와 상관없이 벌어진 실수로 괴로울 때도 있고, 경솔한 말과 행동으로 실수를 해 자책하기도 합니다. 그때마다 우리는 밤을 지새우며 '충분히 생각하고 행동했으면 좋았을 텐데……'라고 되뇝니다. 치명적인 실수로 인해 다시 일어서기 힘든 일이 생기면 삶이 고달파지기도 합니다. 그래서 말하고 행동하는 것에 대한 점검이 필요합니다.

삼사일언三思一言, 삼사일행三思一行이란 말이 있습니다. 한 마디 말을 하기 전에 세 번 생각하고, 한 번 행동하기 전에 세 번 생각하라는 뜻입니다. 무엇인가를 선택하고 행동에 옮겨야 할 때면 충분히 생각하고 실천에 옮기라는 의미입니다. 이런 의미를 엿볼 수 있는 일화가 있습니다.

어느 날 누군가 소크라테스를 찾아와 다급하게 소리칩니다.

"이보게 소크라테스, 이럴 수가 있나? 방금 내가 밖에서 무슨 말을 들었는지 아나? 아마 자네도 이 이야기를 들으면 깜짝 놀랄 거야. 그게 말이지."

이때 소크라테스가 말을 가로막고 말합니다.

"아직 말하지 말고 잠깐만 기다리게. 자네가 지금 급하게 전해주려는 소식을 체로 세 번 걸렀는가?"

그 사람은 소크라테스의 말을 이해하지 못하고 되물었습니다.

"체로 세 번 거른다는 게 무슨 말인가?"

"첫 번째 체는 진실이네. 지금 말하는 내용이 사실이라고 확신할 수 있나?"

"아니네. 그냥 거리에서 들은 이야기라네."

"그럼 두 번째 체로 걸러야겠군. 그럼 자네가 말하는 내용이 사실이 아니더라도, 최소한 선의에서 나온 말인가?"

그 말에도 상대방은 쉽게 대답하지 못했습니다.

"세 번째 체로 걸러야겠군. 자네를 그렇게 흥분하게 만든 소식이 아주 중요한 내용인가?"

"……."

"자네가 나에게 전해주려는 소식이 사실도 아니고, 게다가 선의에서 비롯된 마음으로 전해주려는 것도 아니고, 더구나 중요한 내용도 아니라면 나에게 말할 필요가 없네. 이런 말은 우리의 마음만 어지럽힐 뿐이네."

위의 일화에 나온 것처럼 누군가에게 말을 전할 때에는 적어도 세 번 고민하고 말해야 합니다. 특히 자신이 겪은 일이 아닌 다른 누군가에게 전해들은 이야기를 전할 때는 더욱 신중해야 합니다. 요즘처럼 정보가 넘쳐나는 시대에는 사실과 허위를 분간하는 지혜가 필요합니다. 그러니 말을 하거나 들을 때 신중해야 합니다.

이런 경우도 있습니다. 어떤 아버지는 자식과 갈등이 생겨 큰 소리가 날 상황이 되면 각자 방으로 들어간 뒤 10분 후에 보자고 한답니다. 10분 동안 생각하며 상황을 정리하면 상황을 이성적으로 볼 수 있는 힘이 생기기 때문입니다. 대화도 차분하게 이어갈 수 있습니다. 이런 방법을 선택한 이유는 성급한 감정대로 한 말과 행동이 단 한 번도 좋은 결과를 가져오지 않았다는 것을 경험했기 때문입니다. 이렇듯 경험으로 배운 것은 자신을 바꾸는 노력으로 이어가야 합니다. 삶에 적용하지 않는 경험은 무지와 같기 때문입니다.

영국의 작가 에드워드 불워 리턴도 생각하며 행동하라는 의미를 이렇게 전하고 있습니다.

"좋은 음식이라도 소금으로 간을 맞추지 않으면 그 맛을 잃고 만다. 음식에 간을 맞추어야 하듯 모든 행동도 음식과 같이 간을 맞춰야 한다. 음식을 먹기 전에 간을 먼저 보듯이 행동을 시작하기 전에 먼저 생각하라. 생각은 인생의 소금이다."

경솔한 말과 행동 때문에 고통을 주고받은 적이 있다면 한 번만 더 생각하고 말과 행동을 이어가는 지혜를 배워보면 어떨까요? 또한 인생의 중대한 결정 앞에서도 한 번 더 생각하고 선택과 결정을 내리는 지혜가 필요합니다.

신중하지 않으면
찾아온 기회를 놓치기 쉽수이다.

- 퍼블릴리어스 사이러스 -

● 많은 사람이 인생의 길을 선택할 때 참고하는 시가 있습니다. 바로 로버트 프로스트의 '가지 않은 길'이라는 시입니다. 그 시의 핵심 부분은 이렇습니다.

가지 않은 길

로버트 프로스트

노란 숲 속에 두 갈래 길이 있었습니다.
나는 두 길을 모두 가지 못하는 것을 안타깝게 생각하면서
오랫동안 서서 한 길이 굽어 꺾여 내려간 데까지
바라다볼 수 있는 데까지 멀리 보았습니다.

그리고 똑같이 아름다운 다른 길을 택했습니다.
그 길에는 풀이 더 있고 사람이 걸은 자취가 적어
아마 더 걸어야 될 길이라고 나는 생각했던 겁니다.

(중략)

훗날에 나는 어디에선가
한숨을 쉬며 이야기할 것입니다.
숲 속에 두 갈래 길이 있었노라고
나는 사람이 적게 간 길을 택하였노라고
그리고 그것 때문에 모든 것이 달라졌노라고.

 시 속의 화자는 두 갈래 길에서 어디로 갈지 고민하다 사람이 많이 걷지 않는 길을 선택합니다. 그리고 먼 훗날 그 선택을 어떻게 회상할까 상상해봅니다.
 이런 이야기는 우리도 주변에서 종종 듣곤 합니다. 성공하려면 남들이 가지 않는 길로 가라고 말이죠. 하지만 이 결정이 꼭 옳다고 할 수 있을까요? 시간이 한참 지나 회상할 때야 쉬워 보이겠지만, 막상 두 갈래 길 앞에 서 있다면 현명한 선택을 하기가 여간 어렵지 않습니다. 남들이 가지 않는 길을 선택하는 것이 꼭 옳은 선택이라고 할 수 없고, 남들이 걸었던 길을 선택한 것도 나쁜 결정이라고 할 수 없습니다. 어떤 선택이든 결과는 자신이 만들어가는 것이니 그렇습니다.

인생의 갈림길에서 자신 있게 나갈 길을 선택할 수 있는 사람이 몇이나 될까요? 수많은 고민과 두려움, 걱정과 염려로 힘겨워하다 간신히 선택하곤 할 겁니다. 그것이 끝도 아니죠. 아마 수시로 자신의 선택을 두고 반신반의하며 의문을 가질 겁니다. '내가 내린 선택이 과연 옳은 것인가? 이 길을 계속 걸어가도 괜찮은가?'라고요. 어쩌면 어려운 일이 닥칠 때마다 이 질문을 계속할지 모릅니다.

우리는 부족하기에 늘 과거를 돌아보며 '그때 갈림길에서 다른 쪽을 선택했더라면 어땠을까' 하고 후회합니다. 앞으로도 끝나지 않을 그 질문 앞에서 우린 어떤 선택을 해야 할까요? 내 앞에 놓인 길 중에 어느 쪽을 선택하는 게 현명한 결정일까요? 아무리 봐도 '이거다'라고 답을 내리기엔 참 어려운 질문입니다. 인생 전체를 두고 거꾸로 볼 수 있다면 정답과 오답이 존재하겠죠. 하지만 사는 동안에는 그 정답과 오답을 알 수 없으니 어려울 수밖에 없습니다.

다만 한 가지 분명한 것은 어느 선택이든 모두 정답으로 만들 수 있다는 것입니다. "할 수 있다고 생각하든 할 수 없다고 생각하든, 당신이 옳다."는 헨리 포드의 말처럼 어떤 선택이든 당신이 내린 선택이 옳은 결정입니다. 그렇게 믿고 살아도 됩니다. 노력이 깃들어 있다면 말이죠.

성공한 사람을 보면 공통점이 있더군요. 피나는 노력을 했고, 한때 고난과 절망의 상황도 겪었다는 점입니다. 이때 성공한 사람과 그렇지 않은 사람의 차이도 분명했습니다. 많은 사람이 어려운 상황을 전환시키려고 노력할 때 그들은 자신의 마음과 생각을 바꾸는 일을 먼저 했습니다. 그들은 현재 벌어진 위기를 바라보는 관점부터 바꿨습니다. 상황을 바라보는 시각을 달리한 것입니다.

이에 대해 미국의 유명 방송인 오프라 윈프리는 이렇게 말했습니다. "내 길을 선택할 권리는 신성한 특권임을 이해하라. 그 권리를 사용하라. 가능성 속에서 살아가라." 하고 말입니다. 어떤 선택이든 존중받을 만하며 그 선택을 옳은 것으로 만들면 된다는 얘기입니다. 철학자 데카르트 역시 확신에 찬 목소리로 이렇게 말했습니다.

"행동을 취하는 순간에는 의연하고 명확한 태도를 취하라. 아무리 의심스러운 결정이었다 하더라도 일단 결정을 내린 다음이라면 완전한 확신을 갖고 그것에 따르라."

이 말들을 기억하며 오늘을 살아가면 좋겠습니다.

땅 위에 있는 모든 길의 도달점은 하나다.
누구나 진실을 최종 목표로 삼고 있는 것이다.
다만 그 길은 외롭고 힘이 든다.
진실하게 살아가는 방법은 가장 곤란한 일을
묵묵히 자기 혼자서 해나가는 데에 있다.

- 헤르만 헤세 -

# 실수와 실패는 의연하게

### 니체

● 꿈을 향해 걸어가는 길에는 수많은 걸림돌이 있습니다. 사회적인 현상이든, 개인적인 상황이든, 개인의 역량이든, 갖가지 걸림돌이 길을 가로막습니다. 도저히 앞이 보이지 않는 상황도 겪게 되고 내 힘과 능력으로는 해결할 수 없는 어려움에 부딪히면 나아갈 길이 캄캄합니다. 이럴 때는 '그래도 용기를 내봐'라는 조언도 귀에 들리지 않습니다. 하지만 실패를 거듭하는 것이 인생이고 인간답게 살고자 하는 연습이기 때문에 꿈을 쉽게 포기해서는 안 됩니다.

파울로 코엘료는 『연금술사』에서 실수와 실패에 반응하는 태도에 대해 이렇게 말했습니다.

"실수할지도 모른다는 두려움을 가져서는 안 돼. 실패할지도 모른다는 불안감이야말로 이제껏 '위대한 업'을 시도해보려던 내 의지를 꺾었던 주범이지. 이미 10년 전에 시작할 수 있었던 일을 이제야 시작하게 되었어. 하지만 난 이 일을 위해 20년을 기다리지 않게 된 것만으로도 행복해."

실수와 실패의 두려움 때문에 시작하지 못한 꿈은 포기가 어렵습니다. 꺾을 수 없는 간절한 마음의 소원은 언젠가는 이뤄야 하기 때문입니다. 인생을 마감해야 할 시기가 가까워질수록 꿈에 도전조차 하지 않았던 것이 후회로 남아 고통을 주기도 합니다. 고작 실패할 것이 두려워 시도조차 못한 자신을 부끄러워하며 넋두리를 늘어놓습니다.

물론 수많은 선택을 할 때마다 성공을 바랄 수는 없는 일입니다. 누구나 실수하고 실패하기 마련이란 걸 인정하고 자신이 원하는 목표를 향해 포기하지 않고 나아가는 것이 중요합니다. 성공한 사람들을 보면 자신이 내린 결정을 뒤돌아보지 않고 될 때까지 최선을 다했습니다. 『실낙원』의 작가 존 밀턴의 말이 이를 증명해줍니다.

"사람은 백 가지 일상 중 천 가지 선택의 기로를 마주한다. 하지만 인간은 어떤 선택을 해도 백 퍼센트 만족 없이 후회하기 마련이며, 성공이란 이러한 후회들을 극복하고 자신이 한 하나의 선택에 최선을 다하는 것을 정의하는 것이다."

밀턴의 말은 기우제에 한 번도 실패하지 않는다는 인디언 종족의 이야기를 떠올리게 합니다. 그들이 한 번도 실패하지 않는 이유는 비가 올 때까지 기우제를 지내기 때문입니다. 가뭄이 한창일 때 기우제를 지내는 그들을 상상해보십시오. 땀은 비 오듯 쏟아지고 뜨거운 햇볕으로 서 있기조차 힘들 것입니다. 갈증을 해결하기조차 어려운 상황에서도 그들은 정성껏 기우제를 지냅니다. 다음 날 비가 올 것이라는 기대와 소망을 갖고 말이지요. 비가 오지 않는 아침을 맞이할 때는 또 어떨까요? 어제의 수고와 노력이 헛된 것이라는 실망감으로 온몸에 힘이 빠질 수도 있습니다. 그래도 그들은 포기하지 않습니다. 비가 올 때까지 마음을 다해 기우제를 올리면서 그들이 할 수 있는 일에 최선을 다합니다.

우리는 실패하고 넘어지기를 반복하며 살아갑니다. 그래도 다시 일어서서 가고자 하는 길을 걸어가야 합니다. 어떤 걸림돌도 여러분의 인생을 가로막을 수 없습니다. 포기하지 않는 한 마음의 소원은 이루어질 수 있으니 믿음의 자세로 나아가면 됩니다.

프리드리히 빌헬름 니체의 말을 들으며 실수와 실패에 의연하게 대처하는 내가 되었으면 합니다. 그럴 때 내 삶의 희망의 불씨도 살아남을 수 있을 테니까요.

"인생의 목적은 끊임없는 전진이다. 앞에는 언덕도, 냇물도, 진흙도 있다. 나그네가 좋은 길만 걸을 수 없고, 배가 풍파를 만나지 않고 순조롭게 갈 수만은 없다. 고난을 이기면 기쁨이 온다."

인생은 학교다.
그리고 실패는 성공보다도 좋은 교사다.

- 그라 나츠이 -

Menu 3
냅킨에 그리는 인생 낙서

원하는 목표를 위해서, 이루고자 하는 꿈을 향해서 달려가는 길은 숨 가쁘기만 합니다. 그럴 때 우리는 마음의 여유를 갖고 낙서하듯 인생을 그려볼 필요가 있습니다. 그래야 소중한 것들을 놓치지 않습니다.

# 내 한계는 어디까지일까

엽구

● 아무것도 하기 싫을 때가 있습니다. 손가락 하나 까딱하기 싫으니 방 안에 가만히 누워 뒹굴거립니다. 손에 들린 TV 리모컨에 얹은 엄지만 바삐 움직일 뿐입니다. 어느새 밤이 되고 언제 잠들었는지 스르르 잠에서 깨면 똑같은 일상이 반복됩니다. 한마디로 무기력한 하루가 습관이 돼가는 거죠. 하고 싶은 것도, 해보고 싶은 것도, 해야겠다는 욕구도 없는 상태입니다.

어쩌다 해보고 싶은 일이 생길 때도 있습니다. 하지만 그 일을 열심히 한들 왠지 잘되지 않을 것 같아 머뭇거립니다. 그러니 다시 방바닥에 등을 쩍 붙여버리는 거죠. 이런 생활을 하다 보면 큰 고민도 없습니다. '어떻게든 되겠지'라는 생각을 하니까요. 그렇게 오늘 하루도 마음 가는 대로 써버립니다.

참 많은 사람들이 무기력한 삶을 살고 있는 것 같습니다. 아무리 노력해도 어쩔 수 없다는 비관론적인 생각이나, 삶의 의욕을 꺾는 잘못된 습관 혹은 버릇 때문입니다. 어차피 노력해도 바뀌지 않을 세상이라며 사회를 탓하기도 하면서요.

사람은 언제라도 무기력을 경험할 수 있습니다. 하지만 이런 사고방식이 오래되면 깊은 수렁에 빠지고 맙니다. 삶을 체념해버리면 누구도 일으켜 세울 수 없습니다. 그러다 도저히 일어설 수 없는 상황에까지 빠져버릴지도 모릅니다.

철학자 스피노자는 "자신이 할 수 없다고 생각하는 게 사실은 그것을 하기 싫다고 다짐하는 것"이라며 무기력한 삶에서 벗어날 것을 주문합니다. 하지만 하기 싫은 마음이 들면 누구의 조언도 귀에 들어오지 않습니다. 이런 사람은 대부분 스스로 한계를 지어버립니다. 자신은 안 될 거라며 스스로 감옥으로 들어가는 꼴입니다.

『논어』 옹야 편에는 한계를 짓는 제자 염구의 이야기가 나옵니다. 어느 날 염구가 말합니다.

"선생님의 도를 좋아하지만, 다만 제 힘이 부족합니다."

그 말을 듣고 공자가 대답합니다.

"정말로 힘이 모자라면 중도에 그만둘 수밖에 없다. 그러나 너는 스스로 한계를 긋고 물러나 있구나."

공자는 염구가 자신의 힘이 부족하다는 핑계를 내세워 스스로 한계를 짓고 포기하려는 것을 꿰뚫어본 것입니다. 이런 공자의 일침에 염구는 심기일전합니다. 그리고 제자들 중 가장 먼저 관직에 올라 노나라 계강자季康子 밑에서 관리책임자로 활동합니다. 스스로 그어놓은 한계를 극복하자 얻게 된 결과였습니다.

괴테는 『파우스트』라는 작품으로 진리를 탐구하고 더 나은 존재가 되려고 노력하는 삶을 그려냈습니다. 주인공 파우스트를 통해 방황하고 넘어져도 노력을 멈추지 않을 때 비로소 희망을 얻게 된다는 것을 투영해놓았죠. 그 한 대목을 살펴볼까요.

"자유도 생명도 날마다 싸워 얻는 자만이 그것을 누릴 자격이 있다. 이것이야말로 지혜가 내리는 최후의 결론이다."

괴테의 철학은 문학작품에서 번번이 드러납니다. 그의 시 중에는 이런 구절도 나옵니다. "화창한 날이 계속되는 것만큼 견디기 어려운 것도 없다."고요. 의미 없이 지속되는 하루를 경계하라는 의미입니다. 변화를 위해 노력할 이유를 발견하지 않고서는 무기력한 생활에서 벗어날 수 없다는 의미가 담겨 있습니다.

스스로 한계를 긋고 지레 포기한 적이 있나요? 무기력한 일상이 그냥 흘러가도록 내버려둔 적이 있습니까? 그렇다면 "왜 내 인생은 이렇게 아무 의미가 없을까?"라는 낙담을 하기 전에 "나는 지금 치열하게 살고 있는가?"라는 질문이 먼저 필요할 겁니다.

인생에 있어서 가장 큰 고난은 우리가 무엇을 얻고자 노력하지 않는 데 있다.
희망을 가로막는 장애물은 결코 문제가 아니다.
희망을 실현해보려는 의지력이 약한 것이 문제일 뿐이다.
약한 의지력이야말로 성공의 가장 큰 장애물이다.

- 요한 볼프강 괴테 -

# 소박하게 향유하는 것

## 에피쿠로스

● 요즘은 그 어떤 시대보다도 물질에 대한 욕망이 커지고 있습니다. 불행한 사건 사고의 핵심이 언제나 '돈에 대한 욕심'인 것을 보면 그것이 강력한 무기로 힘을 발휘하고 있구나 느끼게 됩니다. 미디어가 발달하기 전에는 내 형편을 비교할 대상이 많지 않았습니다. 친구들이 사는 형편도 비슷비슷했고 화려한 세상을 접할 기회도 많지 않았습니다. 그래서인지 결핍이 큰 문제가 되지 않았습니다. 가난했지만 사람 사이에 정이 있었고 따뜻함이 있었습니다. 하지만 요즘은 스마트 폰으로 다른 사람들의 사는 모습을 지켜보면서 끊임없이 비교하며 살아가게 됩니다. 예전보다 더 많은 것을 가지고 누리며 살지만 사람들은 행복하지 않습니다. 자꾸만 남과 비교하며 더 큰 뭔가를 찾아 헤매기 때문입니다.

소박한 즐거움을 부르짖는 윤리철학의 창시자 에피쿠로스는 "풍요로움이란 우리가 소유한 것이 아니라 우리가 향유하는 것으로 만들어진다."고 말했습니다.

온 가족이 품위 있는 곳에서 식사 한 끼를 해보겠다고 오늘 함께 시간을 보내지 못한다면 그것은 의미 없는 식사밖에 될 수 없습니다. 그런데도 우리는 멋진 레스토랑에서의 한 끼를 위해 많은 것을 희생하곤 합니다. 고급 레스토랑에서 격식 있는 식사를 하지 않아도 길거리에서 먹는 어묵 꼬치 하나가 사람을 행복하게 할 수 있습니다. 일상의 소소한 일들이 곧 행복을 가져다주는 통로가 되는 것입니다.

『이솝우화』에 나오는 '사자와 토끼' 이야기를 보면 우리가 이 시대를 살아가는 모습이 잘 반영되어 있습니다. 사자가 깊이 잠든 토끼를 발견하고 잡아먹으려고 했습니다. 그때 사슴이 사자 옆을 지나가고 있었습니다. 사자는 잠든 토끼를 내버려두고 사슴을 쫓아갔습니다. 사슴이 뛰어가는 소리에 놀란 토끼가 잠에서 깨어 사자를 보고 달아났습니다. 사슴을 뒤쫓다 잡지 못한 사자가 사슴을 단념하고 토끼가 있던 곳으로 돌아왔습니다. 하지만 토끼는 이미 사라져버린 뒤였고 사자는 중얼거렸습니다.

"이거야말로 자업자득이다. 손 안에 있는 음식을 버리고 더 큰 것을 바랐으니……."

이 이야기에는 자기 안에 있는 것을 두고 다른 뭔가를 찾아 나서는 인간의 삶을 비꼬는 메시지가 담겨 있습니다. 행복은 결코 물질의 여부에서 나오는 것이 아닙니다. 가난한 나라의 행복지수가 우리보다 높은 것을 봐도 알 수 있습니다. 행복해지기 위해 물질을 추구한다고 하지만 그 때문에 잃어버리는 것들이 무엇인지 관심을 가지고 마음을 둘 때입니다. 영원히 변치 않을 사랑의 대상이 무엇인지 관심을 가져야 합니다.

모든 정신적인 불행과 고뇌의 원인은 물질에 대한 애착과 욕심에 있다.
욕망은 수시로 모습을 바꿔가며 인간의 정신을 황폐하게 만든다.
다만 영원히 변치 않는 것에 대한 사랑만이 우리의 정신을 평화롭게 하리라.

- 바뤼흐 스피노자 -

# 삶의 무게, 고통을 해석해준다
### 베토벤

● 누군가의 입장을 이해하는 것처럼 힘든 일이 또 있을까요? 특히 고통스러운 질병으로 힘들어하는 사람을 보면 어떻게 대해야 할지 난감할 때가 한두 번이 아닙니다. 책에서 읽은 글귀로, 누군가에게 들었던 이야기로 위로를 해줄 수 있다고 생각할 때가 있었습니다. 어쭙잖게 누군가를 위로하다 '오히려 하지 않았으면 좋았을 텐데…….'라며 후회한 적도 많았습니다.

사랑하는 사람을 잃은 아픔, 질병의 고통, 가난의 아픔 등 책이나 영화를 통해 얻은 지식은 진짜가 아니었습니다. '나도 그럴 수 있다'고 가정하고 상상한 그 어떤 것도 진짜 아픔에 비할 수 없습니다. 그러기에 너무 쉽게 위로하겠다고 나서면 안 될 것 같습니다.

아픈 만큼 성숙해진다는 말이 있습니다. 아픔을 통해 자신의 연약함을 깨닫기에 조금은 숙연해질 수 있고 겸손할 수 있다는 의미입니다. 고통의 깊이가 얼마나 깊고 견디기 힘든 일인지를 직접 느끼기에 헤아릴 수 있는 것입니다. 고통의 깊이가 깊으면 깊을수록 성숙의 깊이도 더해집니다. 이 의미는 『연탄길』로 수많은 독자의 가슴을 따듯하게 해준 이철환의 또 다른 작품 『위로』에서 찾아볼 수 있습니다.

"높은 곳보다 낮은 곳에서 더 많은 걸 볼 수 있을지도 몰라. 네가 진정으로 높이를 갖고 싶다면 깊이에 대해 먼저 고민해야 돼. 깊이를 가지면 높이는 저절로 만들어지는 거니까. 하늘로 행군하기 위해서 나무들은 맨손 맨발로 어두운 땅속을 뚫어야 하거든. 깊이가 없는 높이는 높이가 아니야. 깊이가 없는 높이는 바람에 금세 쓰러지니까."

현재의 아픔은 성숙의 과정입니다. 고난과 고통을 겪을 때 쓰러지지 않을 단단한 뿌리를 내리는 과정이죠. 그 뿌리의 길이만큼, 깊이만큼 우리의 삶은 더 성숙해질 수 있습니다. 삶이 성숙해질수록 우리는 누군가의 고통도 이해할 수 있고 위로할 수도 있습니다.

고통스러울 때는 오직 고통만 보입니다. 어떤 멋진 수식어도 고통에서 시선을 돌리게 만들 수 없습니다. 시간이라는 약이 투여되고 상처가 아물어갈 때쯤 같은 아픔을 가진 사람을 만나면 말하지 않아도 그 사람의 아픔을 고스란히 느낄 수 있습니다. 그때 "네가 얼마나 힘든지 난 알아." 이 한마디면 충분하다는 것을 압니다.

파란만장한 삶을 통해 진정한 고통의 의미를 알려주는 사람이 있습니다. 음악가에게 있어 가장 중요한 청력을 상실하고도 삶이 끝나는 날까지 아름다운 음악을 창조한 루트비히 반 베토벤입니다. 그가 피아니스트로 생을 마감했다면 우리는 피아니스트 베토벤으로 기억하겠지만, 그는 핸디캡을 극복하고 음악사 최고의 악성樂聖/음악의 성인이라는 영예로운 칭호를 받을 수 있었습니다. 그가 고통스러운 삶을 살면서 세상에 던진 이야기들이 있습니다.

"가장 뛰어난 사람은 고뇌를 통하여 환희를 차지한다."

"고난과 시기에 동요하지 않는 것, 이것은 진정 칭찬받을 만하다."

"그대가 자신의 불행을 생각하지 않게 되는 가장 좋은 방법은 일에 몰두하는 것이다."

"나의 운명의 목을 죄어주고 싶다. 어떤 일이 있더라도 운명에 져서는 안 된다."

아픈 만큼 성숙해진다는 것은 내 상처와 더불어 다른 사람의 상처를 진심으로 껴안을 수 있는 마음 상태가 되었다는 의미일 수 있습니다. 고통 가운데 오는 자기부정, 분노, 연민, 수용……. 이런 과정에서 뭔가 거창한 것을 깨닫게 되는 것은 아닙니다. 다만 누군가를 진정으로 위로할 자격이 조금 주어졌다는 의미로 해석할 수 있습니다. 그러기에 살아가면서 다가온 고통의 무게에 대해 좌절하거나 원망하지 않았으면 합니다. 견딜 수 없는 삶의 무게는 성숙된 삶으로 이끌고, 누군가의 고통을 해석하고 덜어줄 수 있는 통로이기 때문입니다.

이 세상에서 부유한 사람은 상인이나 지주가 아니라,
밤에 별 밑에서 강렬한 경이감을 맛보거나
다른 사람의 고통을 해석하고 덜어줄 수 있는 사람이다.

- 알랭 드 보통 -

# 천천히, 가만히, 오래도록

왕태

● 산과 들에 피어 있는 꽃들로 세상이 한 폭의 수채화처럼 느껴질 때가 있습니다. 꽃 이름은 모르지만 꽃들이 차창 밖으로 스치고 지나가면 창문을 내리고 그 향기에 취하고 싶어집니다. 다양한 꽃 축제도 전국에서 열립니다. 꽃 구경으로 모여든 인파를 보며 '꽃이 사람을 아름답게 만드는구나' 하는 생각이 듭니다.

사실 꽃은 스치듯 지나도 그 아름다움에 푹 빠지곤 하지만 자세히 들여다보면 볼수록 더할 나위 없이 아름답습니다. 시인 나태주도, 이윤학 시인도 같은 것을 느꼈나 봅니다.

## 풀꽃

나태주

자세히 보아야 예쁘다.

오래 보아야 사랑스럽다.

너도 그렇다.


## 첫사랑

이윤학

그대가 꺾어준 꽃

시들 때까지 들여다보았네.


그대가 남기고 간 시든 꽃

다시 필 때까지.


  나태주 시인은 평생을 시골 초등학교에서 아이들을 가르치며 시를 지었습니다. 그래서인지 아이들만큼이나 순수한 동심이 엿보입니다. 야생화일수록 더 아름답다는 사실을, 허리를 굽히고 이곳저곳을 살펴야 예쁜 꽃을 발견할 수 있다는 것을 아이들에게 알려주었습니다. 그리고 아이들을 향해, "너희들도 그렇다."고 말했습니다.

얼마나 괜찮은 사람인지를 알기 위해서는 겉모습보다 오래 만나며 직접 겪어봐야 한다는 걸 가르쳐준 것이었습니다. 고작 세 줄에 불과한 짧은 시지만, 아이들에게 인생의 지혜를 선물한 것 같습니다.

자연을 바라보는 통찰도 엿보입니다. 자세히 봐야 예쁘고 오래봐야 사랑스러운 게 비단 들꽃만은 아닙니다. 사람도 그렇습니다. 별것 아닌 것처럼 생각되는 사람도 자세히 들여다보면 좋은 성품과 마음이 보입니다. 사람을 자세히 들여다본다는 것은 다른 사람과의 관계를 의미하는데, 이에 대해 장 자크 루소는 이런 말을 했습니다. "인간은 진실한 대화를 통해 깊은 관계를 맺어가기 원한다."고요. 톨스토이 역시 같은 의미로 이렇게 말했습니다.

"자신을 완성시키려면 정신적인 교감을 포함해 다른 사람과의 관계도 잘 맺어야만 한다. 다른 사람과 교제를 맺지 않고 또한 다른 사람에게 영향을 미치거나 영향을 받지 않고서는 자신을 살찌워나갈 수 없기 때문이다."

그렇다면 어떤 관계가 나를 완성시키고 서로에게 영향을 줄 수 있는 관계일까요? 『장자』덕충부 편에 나오는 왕태 이야기를 살펴보면 좋겠습니다. 왕태는 발뒤꿈치가 잘린 불구자였는데 어찌된 영문인지 제자가 많았습니다. 그 이유가 궁금한 상계가 어느 날 공자에게 이렇게 물었습니다.

"아니 왕태는 불구자인데다 거의 아무것도 가르쳐주지 않는데 어째서 자네와 비슷할 정도로 제자가 많은 건가?"

그러자 공자가 말했습니다.

"사람들이 흐르는 물에 자기 얼굴을 비춰보는 것을 보았는가? 왕태는 자신에게 오는 사람들이 자신의 모습을 있는 그대로 볼 수 있게 해준다네. 그것이 그의 능력이지."

이 말은 왕태가 자신의 불편한 모습을 천천히, 자세히 그리고 자신의 기준으로 들여다보게 만들어 제자들이 스스로 깨달음을 얻게 한다는 의미였습니다. 바로 이것이 공자가 본 왕태의 힘이었습니다.

꽃향기는 꽃에 가까이 다가가면 갈수록 더 진하게 전달됩니다. 이처럼 사람도 가까이 가서 바라보고, 직접 경험하면 그 사람을 더 깊게 알게 됩니다. 우리 이제 서로를 알기 위해 조금 더 가까이 다가서면 어떨까요? 멀리서 판단하기보다, 누군가 내게 심어준 선입견보다, 내가 직접 다가가 자세히 오래 바라보면서 직접 느껴보는 겁니다. 어렵고 힘들더라도 용기를 내어 한 발짝 더 다가가면 상대의 진짜 향기를 맡을 수 있을 겁니다.

사람과 사람끼리 함께 웃고 이야기하는 즐거움만큼
사람의 마음을 서로 맺어주는 것은 없다.
때문에 우리는 알지 못하는 사람을 만나도
서로 진실한 대화를 나누며 친하게 지내기를 바라고 있는 것이다.

- 장 자크 루소 -

# 사랑, 더 이상 미루지 말자

### 미치 앨봄

● 마음에 여유가 없는 시대에 살고 있습니다. 새벽부터 저녁까지 한눈 한 번 팔지 않고 열심히 일해도 먹고살기가 힘듭니다. 노후 문제까지 생각하면 머리가 아픕니다. 애써 생각의 길을 틀어보지만 불안은 쉽게 사라지지 않습니다. 그러다 보니 더더욱 열심히, 쉼 없이 살아갈 수밖에 없습니다. 여유를 가지고 사는 것이 사치처럼 여겨지기도 합니다.

현실에 쫓겨 우리는 어느 순간부터 사랑하는 이의 눈을 바라볼 시간조차 없이 살고 있습니다. 사랑하는 이들과 처음 나누었던 시간들을 떠올려봅니다. 그때는 사랑을 영원히 간직할 것같이 열정을 불태우기도 했습니다. 사랑하는 아이가 태어날 때는 또 어땠나요? 온 세상을 다 가진 것처럼 행복했습니다. 아이가 내 옆에 숨 쉬고 있는 것만으로도 감사하게 생각한 적도 있었을 겁니다. 시인 박철의 '그대에게 물 한 잔'은 그런 사랑의 마음을 대변하고 있습니다.

### 그대에게 물 한 잔

박철

우리가 기쁜 일이 한두 가지이겠냐마는
그중의 제일은
맑은 물 한 잔 마시는 일
맑은 물 한 잔 따라주는 일
그리고
당신의 얼굴을 바라보는 일

  얼굴을 바라보는 것만으로도 최고의 기쁨이라는 말이 전혀 어색하지 않습니다. 처음 사랑하는 이를 만났을 때 그런 마음을 충분히 느꼈으니까요. 그런데 언제부턴가 우리는 그런 소중한 사랑의 순간은 망각한 채 다른 것들에 빠지고 말았습니다. 대화도 사라졌습니다. 가족들 모두가 각자 방으로 들어가 혼자만의 세계에 빠져 살아갑니다. 공부한다며, 피곤하다며, 스트레스 해소를 한다며, 술 한잔한다며, 저마다 이유 있는 핑계를 댑니다. 스마트 폰에 할애할 시간은 있고 따뜻한 대화를 나눌 시간은 없습니다. 사랑의 첫 번째 의무는 상대방 말에 귀 기울이는 것이라지만, 대화가 사라지니 귀를 기울일 일조차 없게 된 것입니다. 말하는 법도, 듣는 법도 잊어버리고 살아가는 것 같습니다.

저마다 나름대로 바쁘게 생활하는 것은 사실 좋은 사람들과 함께 살아가기 위해서입니다. 돈을 벌겠다는 목적도 사랑하는 사람과 행복한 시간을 나누기 위해서입니다. 그런데 우리는 지금 돈이 행복을 가져다줄 것으로 착각하고 있습니다. 원하는 만큼 돈을 벌면 다시 예전의 사랑을 되찾을 수 있다고 여깁니다. 그러나 한 번 서먹서먹해진 관계를 다시 돌린다는 것은 생각처럼 쉽지 않습니다. 대화를 시도하려고 해도 무슨 말부터 해야 할지 모릅니다. 애써 대화를 시도해보지만 어색하기만 합니다. 이런 시간이 길어지면 더 이상 회복할 수 없는 길로 접어들 수도 있으니 이것을 경계해야 합니다.

영화 〈죽은 시인의 사회〉를 보면 사랑의 대화가 사라지는 것이 얼마나 위험한지 알 수 있습니다.

주인공 닐은 엄격한 아버지 때문에 명문 웰튼 고등학교에 갑니다. 그리고 아버지의 뜻대로 의사가 되기 위해 열심히 공부합니다. 그러다 키팅 선생님을 만나고 자신이 정말 원하는 일이 무엇인지 발견하게 됩니다. 하지만 아버지는 닐의 꿈인 배우가 되는 것을 반대하고 학교까지 전학시키려고 합니다. 그 과정에서 닐의 의견을 묻거나 따뜻하게 대화를 나누지 않고 일방적인 통보만 합니다. 닐은 자신이 원하는 인생을 살 수 없다고 여기고 스스로 목숨을 끊습니다.

아버지는 닐을 너무 사랑했기에 의사의 길을 가길 원했지만 닐의 생각은 달랐습니다. 서로 얼굴을 맞대고 충분히 이야기를 나누었다면 극단적인 결과로 막을 내리지는 않았을 것입니다.

사랑하는 이와 눈빛을 교환한 게 언제였습니까? 나의 눈높이가 아닌 상대의 눈높이로 대화해본 적은 또 언제였나요? 사랑은 강요가 아닙니다. 자기의 뜻대로 조종하는 것도 아닙니다. 상대의 의견을 존중해주고 이야기를 들어주는 것입니다. 그런 과정에서 이견을 좁혀나갈 수 있습니다.

사랑하는 이들의 말에 귀를 기울이고 들어주는 시간을 허락해야 합니다. 하루 동안 있었던 사소한 이야기를 들으며 고개를 끄덕여주고 맞장구치는 노력도 필요합니다. 피곤하고 힘들어도 아주 잠깐의 시간을 허락하면 사랑의 눈빛도 관계도 회복할 수 있습니다.

미치 앨봄의 『모리와 함께한 화요일』은 제자 미치가 죽음을 앞두고 있는 모리 교수를 찾아가 인생의 중요한 메시지를 나누는 이야기입니다. 모리 교수는 수많은 인생의 주제들을 뒤로하고 첫째 만남에서 사랑을 나눠 주는 법과 사랑을 받아들이는 법을 배우는 것이 인생에서 가장 중요하다고 말합니다. 그래야 개인뿐만 아니라 사회가 변할 수 있다고 생각한 것입니다. 그러면서 이런 대화를 나눕니다.

"미치, 어떻게 알지도 못하는 사람들이 마음에 걸리느냐고 물었지? 내가 이 병을 앓으며 배운 가장 큰 것을 말해줄까?"

"그게 뭐죠?"

"사랑을 나눠 주는 법과 사랑을 받아들이는 법을 배우는 게 인생에서 가장 중요하다는 거야."

죽음을 앞두고 있는 사람이 전하는 메시지라 더 큰 울림으로 다가옵니다. 그리고 우리가 분주한 삶을 살아가는 근본적인 이유를 깨닫게 합니다.

　우리 인간은 결국 오늘을 살면서 사랑을 나누고 그 사랑의 힘으로 살아가는 것입니다. 그런 사랑, 더 이상 미루지 말았으면 합니다. 눈을 맞추고 삶의 이야기를 나누며 다독여주는 시간이 우리에게 필요합니다.

사랑의 첫 번째 의무는 상대방에게 귀 기울이는 것이다.

- 폴 틸리히 -

● 외모가 중요한 시대입니다. 조금이라도 좋은 인상과 모습을 보이기 위해 성형은 기본이 되었습니다. 이제는 남자도 성형을 합니다. 남자 화장품 판매 매출이 해마다 증가하고 있다는 소식이 더 이상 놀랍게 들리지 않습니다. 집 앞에 산책을 나갈 때도 고급 아웃도어를 입는 것이 보통이고 명품 옷이나 가방은 경제와 상관없이 잘 팔리는 것이 현실입니다. 그러다 보니 많은 사람들이 겉모습으로 사람을 판단합니다. 겉모습으로 사람을 판단하면 보이는 것에만 관심을 두기 때문에 보이지 않는 것의 중요성을 잃은 채 살아가게 됩니다. 그러기에 인간이 살아가면서 느껴야 할 삶의 진정한 의미와 보람, 진실에 눈이 멀게 되는 것입니다.

그런 우리의 모습을 잘 표현한 작품이 있습니다. 바로 앙투안 드 생텍쥐페리의 『어린 왕자』입니다. 어린 왕자는 자신이 살고 있는 별을 떠나 지구까지 오게 됩니다. 지구에서 여우를 만나고 인생에서 중요한 것이 무엇인지 배웁니다. 여우와의 대화는 수많은 사람이 가슴에 새길 정도로 유명합니다.

여우가 말했습니다.

"아까 말해주겠다던 비밀은 이런 거야. 그것은 아주 단순하지. 오직 마음으로 볼 때만 모든 것이 잘 보인다는 거야. 가장 중요한 것은 눈에 보이지 않아."

"중요한 것은 눈에 보이지 않는다……."

어린 왕자는 이 말을 잘 기억하도록 되뇌었습니다.

여우는 길들여진다는 의미를 설명하면서 중요한 것은 눈에 보이지 않는다고 말합니다. 그 말을 듣고 어린 왕자는 상념에 잠기며 소혹성에 있는 하나밖에 없는 장미를 떠올립니다. 장미가 자신에게 아무렇게 대하고 요구하는 것이 싫어 떠났기 때문입니다. 자신이 장미를 길들여 놓고 장미의 투정을 견디지 못해 떠난 게 미안한 것이었습니다.

"사실 난 아무것도 이해할 줄 몰랐어. 꽃이 하는 말이 아니라 행동으로 판단했어야 했는데. 꽃은 나에게 향기를 주었고 눈부신 아름다움을 보여주었는데. (…) 그 불쌍한 말 뒤에 따뜻한 마음이 숨어 있는 걸 눈치챘어야 했는데."

어린 왕자는 장미가 했던 말만 듣고 내면을 보지 못했음을 후회합니다. 장미의 내면을 보았다면 쉽게 장미 곁을 떠나지 않았을 것입니다. 여우는 어린 왕자에게 자신이 길들인 장미에 대한 책임의식을 일깨우며 이렇게 말합니다.

"당신은 당신이 길들인 것에 대해서는 끝까지 책임을 져야 하는 거예요. 당신의 장미에게 당신은 책임이 있어요."

여우는 길들여짐의 의미를 말하면서 인간들이 살아가고 있는 태도도 비판합니다.

"사람들은 이미 길들여지는 것밖에는 몰라. 무엇을 알 시간이 없어진 거지."

우리는 지금 겉으로 보이는 것이 중요하다고 생각하는 삶에 길들여져 있습니다. 그러다 보니 보이지 않는 데 관심을 두지 못합니다. 보이지 않는 것을 볼 시간적 여유조차 없습니다. 눈에 보이는 이익과 성공을 좇아 살기 때문입니다. 그래서 여우는 마음으로 보아야 한다고 강조합니다. 마음으로 보지 않으면 정말 중요한 것을 볼 수 없으니까요.

눈앞에 보이는 것에만 관심을 가지고 산다면 언젠가 후회하게 됩니다. 이별의 시간이 다가올 때 가장 많이 생각하는 것은 소중한 사람과 사랑을 나누었던 시간이라고 합니다. 이별의 시간이 돼서야 깨닫는 삶의 진실을 겉으로 보이는 것에만 마음을 쏟다 보니 볼 수 없었던 것입니다.

『장자』의 달생 편에도 이와 비슷한 내용이 있습니다. 재경이라는 목수가 호랑이를 나무로 깎았는데 그것을 본 사람들은 귀신의 솜씨라고 감탄했습니다. 그때 노나라 임금이 물었습니다.

"자네는 무슨 수로 그런 재주를 부리나?"

"제가 무슨 재주랄 게 있겠습니까. 저는 뭘 만들려고 하면 우선 몸을 깨끗이 하고, 마음을 비웁니다. 그리고 산에 올라가 나무를 살핍니다. 나무의 천성과 바탕과 모양에서 호랑이의 모습이 보이면 그때 저는 비로소 손을 댑니다. 원래 있는 호랑이의 모습대로 깎기만 하면 됩니다. 호랑이의 모습이 나무에서 보이지 않으면 깨끗하게 털고 그냥 산을 내려옵니다."

재경이라는 목수는 나무의 겉모습만을 보지 않았습니다. 나무가 품고 있는 모습을 보고 그대로 조각을 한 것입니다. 조각할 모습은 이미 나무 속에 있었고 목수는 그 모습을 마음의 눈으로 본 것입니다. 조각 실력이 뛰어난 것이 아니라 나무의 본모습을 보는 눈이 뛰어났던 것입니다.

이처럼 정말 중요한 것을 볼 수 있는 눈이 우리에게도 필요합니다. 그러면 겉으로 보이는 모습에 더 이상 목매어 살지 않을 수 있습니다. 여우의 '가장 중요한 것은 눈에 보이지 않는다'라는 말을 마음에 새기면 좋겠습니다. 그러면 조금 더 희망적인 모습이 우리의 현실에 나타날 것입니다.

해가 중천 떴어도 눈을 감고 있으면 어두운 밤과 같다.
청명한 날에도 젖은 옷을 입고 있으면 기분은 비 오는 날같이 침침하다.
사람은 그 마음의 눈을 뜨지 않고,
그 마음의 옷을 갈아입지 않으면 언제나 불행하다.

- 모리스 메테를링크 -

# 소소한 행복, 아름다운 삶
## 윌리엄 제임스

● 사람은 저마다 목표를 세우고 전진하는 삶을 살기를 원합니다. 퇴보하는 삶을 살기를 원하는 사람은 없습니다. 모두 나름대로의 인생 철학에 따라 원하는 소원을 두고 그 목표를 향해 오늘도 최선을 다합니다. 원하는 목표를 달성하기 위해 먹을 것 안 먹고, 여행 갈 것 한 번이라도 줄이고, 입고 싶은 것도 최대한 절제합니다. 먹고 쓰고 놀고자 하는 욕망을 참는 것은 오로지 훗날 이루어질 목표 때문입니다. 그 목표만 달성되면 지금까지 아끼고 절제한 것들을 한꺼번에 쏟아부으며 행복하게 살겠다는 것입니다.

그런데 과연 그런 날이 올까요? 인생을 부정적으로 바라보는 것이 아닙니다. 원하는 삶의 목표가 이루어지지 않는다는 말도 아닙니다. 행복을 담보 삼아 살았던 그 시간을 되찾을 수 없다는 이야기입니다. 오늘 우리가 살고 있는 시간은 영원히 되돌릴 수 없습니다. 갓난아이의 미소는 어린아이 때 보아야 하고, 그 미소로 얻는 행복도 그 시절에 누리고 느껴야 합니다. 그런데 많은 사람들이 불투명한 미래의 행복을 위해 오늘을 희생하며 살아갑니다.

서른 살 젊은 나이에 세계 100대 대학의 교수가 된 위지안은 인생의 정점에서 시한부 삶을 선고받습니다. 교수가 되어 선한 영향을 끼치고 싶었던 그녀는 수많은 시간을 참고 견디며 살았습니다. 하지만 그녀에게는 시간이 얼마 남지 않았습니다. 『오늘 내가 살아갈 이유』는 그녀가 삶의 끝에서 깨달은 것들을 담은 책입니다. 그녀는 인생에서 가장 중요한 것 중 하나에 대해 이렇게 말했습니다.

"나중에 더 많은 미소를 짓고 싶다면 지금 삶의 매 순간을 가득가득 채우며 살아가야 할 것 같다. 앞으로 살아갈 날이 얼마나 남았든. (…) 나는 그동안 불투명한 미래의 행복을 위해 수많은 '오늘'을 희생하며 살았다. 저당 잡혔던 그 무수한 '오늘'들은 영원히 돌이킬 수 없다."

그녀는 함께 웃으며 사랑을 나누지 못한 시간을 돌이킬 수 없음에 안타까워합니다. 다시 일어서서 매 순간 행복하게 살겠다는 그녀는 끝내 돌아올 수 없는 곳으로 떠났습니다. 인생의 진정한 의미를 깨달았지만 뒤늦은 후회만 남았습니다. 그녀가 살아온 기록들이 우리의 모습을 투영하고 있어서 마음이 찡해집니다. 우리도 훗날의 행복을 위해 오늘을 희생하며 살아가고 있기 때문입니다.

행복 전도사로 세계적인 명성을 얻고 있는 작가 프랑수아 를로르도 『꾸뻬 씨의 행복 여행』에서 이런 메시지를 전합니다.

"진정한 행복은 먼 훗날 달성해야 할 목표가 아니라 지금 이 순간 존재하는 것입니다. 지금 이 순간 당신이 행복을 선택한다면 당신은 얼마든지 행복할 수 있습니다. 그런데 안타까운 것은 대부분 사람들이 행복을 목표로 삼으면서 지금 이 순간 행복해야 한다는 사실을 잊는다는 것입니다."

마치 우리가 살아가는 모습을 현미경으로 들여다본 것처럼 이야기합니다. 행복한 인생에 대해 많은 사람들이 가슴을 울리는 이야기를 전합니다. 미국의 철학자인 윌리엄 제임스는 "행복은 목적지가 아니라 여행길이다."라며 과정의 중요성을 이야기합니다. 목적지에 도달해야 행복을 얻을 수 있는 것이 아니라 여행하는 길목에서 소소한 행복을 누릴 수 있다는 것입니다. 에이브러햄 링컨도 "우리는 마음먹는 만큼 행복해진다."고 말했습니다.

여러분은 어떤가요? 불투명한 미래의 행복을 위해 오늘을 희생하고 있지는 않은가요? 아니면 넉넉하지는 않지만 오늘의 행복을 위해 최선을 다하며 살고 있나요?

그 선택은 오직 자신에게 달려 있음을 기억해야 합니다. 헨리 데이비드 소로의 시를 보며 행복한 인생에 대한 정의를 바로 세웠으면 좋겠습니다. 훗날 후회하지 않을 현명한 선택을 위해서요.

## 행복한 삶

헨리 데이비드 소로

행복한 삶이란
나 이외의 것들에게 따스한 눈길을 보내는 것이다.

우리가 바라보는 밤하늘의 별은 식어버린 불꽃이나
어둠 속에 응고된 돌멩이가 아니다.
별을 별로 바라볼 수 있을 때,
발에 채인 돌멩이의 아픔을 어루만져줄 수 있을 때,
자신의 잃어버린 것이 무엇인지 깨달았을 때,
비로소 행복은 시작된다.

사소한 행복이 우리의 삶을 아름답게 만든다.
하루 한 시간의 행복과 바꿀 수 있는 것은
이 세상에 아무것도 없다.

지혜로운 사람은 무슨 이익을 위해 사랑하는 것이 아니다.
사랑하는 그 사실 속에 행복을 느끼기 때문에 사랑하는 것이다.

- 블레즈 파스칼 -

## 공감, 상대를 존중하는 방법
크르즈나릭

● TV 프로그램 중에 명사들이 나와 강의하는 프로그램이 상당히 많아졌습니다. 각 방송사마다 다수의 강의 프로그램이 있을 정도로 강의의 전성기가 되었습니다. 강사가 열띤 강의를 하면 청중들이 앉아 듣습니다. 프로그램의 맛을 살리기 위해 앉아 있는 청중들은 굉장히 중요한 역할을 합니다. 강의의 생명은 강사보다 청중이 좌우한다고 합니다. 강사의 경력이나 강의 능력보다 청중의 리액션에 따라 강의가 살기도 하고 죽기도 하기 때문입니다.

 TV 프로그램 방청석에 앉아 있는 청중은 고도로 훈련된 사람들입니다. 강사가 한 마디만 던져도 저절로 고개를 끄덕입니다. 중간중간 넣어주는 추임새는 강사를 신명나게 합니다. 강의 내용에 따라 절묘한 리액션으로 강의에 몰입할 수 있도록 돕기에 강사는 혼신의 힘을 기울여 준비한 것 이상을 쏟아냅니다. 이 모든 것이 청중의 리액션 효과입니다.

반면 강사들이 가장 기피하는 청중은 중·고등학생이라고 합니다. 열변을 토하며 강의를 해도 아무 반응이 없습니다. 스마트 폰을 만지작거리고 친구들과 잡담을 하는가 하면 졸기까지 합니다. 이런 청중 앞에서 어떤 강사가 제대로 된 강의를 할 수 있겠습니까?

오랫동안 정상의 MC 자리를 지키고 있는 유명 개그맨의 가장 큰 장점은 다른 사람의 이야기를 들을 때 작은 것도 놓치지 않고 반응을 보인다는 것입니다. 박수를 치며 웃어주고 고개를 끄덕입니다. 시종일관 "정말요? 진짜 그랬어요? 와, 대단한데요?"와 같은 말을 반복합니다. 그런 사람과 대화를 하면 상대는 존중받고 있다고 느낍니다. 자신의 이야기를 잘 들어주고 있다고 느끼면 마음을 활짝 열고 편안한 마음으로 대화를 주고받을 수 있습니다. 그럼 당연히 대화의 질이 좋아지고 프로그램도 살아납니다. 보는 사람도 편안하게 볼 수 있습니다.

누가 무슨 이야기를 해도 자기 말만 하는 사람이 있습니다. 상대의 말에는 어떤 반응도 공감도 하지 않고 자기 할 말만 생각하면 대화할 맛이 나지 않습니다. 그런 사람과는 다시 즐겁게 만나기 어렵습니다. 사람과 관계를 맺어가는 지혜는 거창한 것이 아니라 작은 리액션에서 시작될 수 있습니다.

공감 전문가이자 라이프 스타일 철학자로 명성이 자자한 로먼 크르즈나릭은 『공감하는 능력』에서 이렇게 말합니다.

"공감은 상상력을 발휘해 다른 사람의 처지에 서보고, 다른 사람의 느낌과 시각을 이해하며, 그렇게 이해한 내용을 활용해 당신의 행동지침으로 삼는 기술이다. 그러므로 공감은 동정심$^{sympathy}$과는 다르다. 동정심은 어떤 사람에 대한 연민이나 불쌍하다는 마음일 뿐, 상대방의 감정이나 시각을 이해하려는 노력은 담고 있지 않기 때문이다."

공감능력이 사람과의 관계뿐만 아니라 세상을 주도하는 중요한 덕목이라고 강조합니다. 대표적인 예로 2008년 오바마의 선거 운동을 꼽습니다. 공감을 선거 운동의 주제로 삼았던 연설문 한 대목입니다.

"이 나라에서 연방재정이 적자라는 이야기는 많이들 합니다. 하지만 나는 우리에게 공감능력이 결여되었다는 이야기를 더 많이 해야 한다고 생각합니다. 그것은 다른 누군가의 처지가 되어보고 우리와 다른 사람의 눈으로, 배고픈 아이들의 눈으로, 해고된 철강노동자의 눈으로, 당신 기숙사 방을 청소하는 이민 노동자의 눈으로 세상을 바라보는 일입니다. (…) 우리는 공감을 장려하지 않는 문화에 살고 있습니다. 우리 문화는 일생에 가장 중요한 목표가 부자가 되고 날씬해지고 젊어지고 유명해지고 안전과 여흥을 누리는 일이라는 말을 지나치게 자주 합니다."

오바마가 공감정치로 어떤 결과를 이끌어냈는지는 모르겠지만 이런 마음의 태도 때문에 그가 정치를 해나갔다고 책에서는 말합니다. 다른 나라의 이야기가 아니라 우리에게도 다른 사람을 공감하는 능력이 필요합니다.

가족을 대하거나 친구를 만날 때 혹은 사회에서 만난 사람들에게 필요한 리액션이 무엇인지 고민하면 공감능력도 향상될 수 있습니다. '그래. 네 맘 안다'며 고개를 끄덕이고, 같이 박수 치고, 함께 눈물 흘리고 웃어주며, 작은 감탄사 한마디를 해주면 좋겠습니다.

다른 사람이 나에게 어떤 반응을 보일 때 내 마음이 편안했는지 생각해보는 것도 필요합니다. 어떨 때 위로가 되었고, 행복했는지 살펴보십시오. 나도 그런 반응을 하면 됩니다. 그러면 상대의 마음도 읽을 수 있고 상대는 자신이 존중받고 있다고 느끼게 됩니다. 서로 공감해줄 때 함께 행복할 수 있는 길이 만들어집니다. 그 시작이 바로 작은 리액션입니다.

친절은 이 세상을 아름답게 만들며 모든 비난을 해결한다.
그리고 얽힌 것을 풀어 헤치고,
어려운 일을 수월하게 만들고,
암담한 것을 즐겁게 바꾼다.

- 레프 톨스토이 -

# 마음의 여유, 웃음의 효과
## 알랭

● 개그맨 부인은 예쁘다는 말이 있습니다. 왜 이런 말이 생겼을까 생각하다 이내 이해가 되더군요. 우선 재밌는 사람과 함께 있으면 즐겁습니다. 지친 삶에 활력도 넣어줍니다. 닫혔던 마음도 자연스레 열어주지요. 친근한 감정이 들게 하니 부담도 사라집니다. 무엇보다 유머가 있는 사람은 타인을 이해할 줄 아는 사람입니다. 누군가 자신을 이해하고 있다는 생각이 들면 닫힌 마음을 엽니다. 그래서 아닐까요? 미인들이 개그맨을 좋아하는 이유가.

대화의 기술을 알려주는 책을 보면 가벼운 유머와 재치 있는 농담으로 시작하라고 조언합니다. 그만큼 유머는 사람 사이 벽을 쉽게 허물어줍니다. 적절한 유머는 분위기를 바꾸고 원만한 인간관계를 만드는 촉매제가 됩니다. 분위기를 반전시키고 상대를 사로잡는 데 최고의 도구가 되는 거죠.

 인문학이 삶을 탐구하는 데 목적을 둔 학문이라면 그 밑바탕은 유머라고 볼 수 있습니다. 인간을 이해하지 않고서는 적절하게 통하는 웃음코드를 찾아낼 수 없을 테니까요. 인간은 과학기술의 발전으로 풍요롭고 행복한 삶을 추구합니다. 하지만 웃음이 없다면 만족스러운 행복이 가능할까요? 분명 웃음 없이는, 또 유머 없이는 행복을 이야기할 수 없을 것 같습니다.

 세계적인 문학가와 철학자들은 하나같이 유머와 웃음에 대한 명언을 남겼습니다. 윌리엄 셰익스피어는 "그대의 마음을 웃음과 기쁨으로 감싸라. 그러면 천 가지 해로움을 막아주고 생명을 연장시켜줄 것이다."라고 말했습니다. 도스토예프스키는 "사람의 웃는 모양을 보면 그 사람의 본성을 알 수 있다. 누군가를 파악하기 전 그 사람의 웃는 모습이 마음에 든다면 그 사람은 선량한 사람이라고 자신 있게 단언해도 되는 것이다."라고 했습니다. 프리드리히 니체는 "웃음이 없는 진리는 진리가 아니다. 오늘 웃는 자는 역시 최후에도 웃을 것이다."라고 했습니다.

 인간 본연의 모습을 이야기로 표현한 문학의 거장들은 이렇듯 행복 이면에 웃음이 있다고 본 것입니다. 프랑스 철학자였던 알랭 역시 이렇게 말했습니다.

 "아름다운 옷보다 웃는 얼굴이 훨씬 인상적이다. 기분 나쁜 일이 있더라도 웃음으로 넘겨보라. 찡그린 얼굴을 펴는 것만으로 마음도 펴지는 법이다. 웃는 얼굴보다 더 훌륭한 화장은 없다. 웃음은 인생의 약이다."

 유머는 들어주는 사람도 중요합니다. 분위기 전환 삼아 슬쩍 던진 농담을 정색하며 따지고 들면 곤란해집니다. 너무 진지하게 받아들이는 것도 좋지 않습니다. 반면 상대의 어설픈 농담이라도 잘 받아주는 사람은 인기가 좋습니다. 그런 사람에게는 재미있는 이야기를 더 많이 해주고 싶습니다. 마음을 열어주길 바라지도 않았는데 말하는 당사자가 즐거우니 알아서 마음까지 열어 보입니다. 그렇게 서로 마음을 열고 대화가 되니 자연스레 소통의 달인이 됩니다. 썰렁한 말이라도 너그럽게 받아주면 말하는 사람은 신이 나서 이야기를 더 쏟아냅니다. 넉넉한 마음이 상대의 이야기 보따리를 풀도록 만든 거죠.

  유머는 여유가 있어야 나옵니다. 마음이 돌밭이면 농담은커녕 다른 사람의 유머도 그저 귀찮게 느껴질 수밖에요. 이렇게 탁월한 웃음효과에도 불구하고 우리는 하루 중에 웃을 일이 그리 많지 않아 보입니다. 고달픈 일상에 사회 문제까지 들여다보면 그럴 만도 하지요. 배가 아프게 웃어본 게 언제인지 기억도 잘 나지 않습니다. 그렇지만 웃을 일이 없으면 만들어서라도 웃었으면 합니다. 이런 흔한 말도 있죠. 행복해서 웃는 게 아니라 웃으면 행복해지기 때문에 웃는다고요.

  외국에는 찾아가는 코미디 클럽이 있다고 합니다. 돈을 주면서까지 웃어야 하나 싶지만, 웃음이 인생을 풍요롭게 한다는 걸 알기 때문이겠지요. 찌든 냄새와 곰팡이는 따사로운 햇볕이면 한 방에 해결됩니다. 지친 날에는 크게 소리 내 잠시 웃는 게 특효입니다. 살아가는 순간순간 크게 웃으면 정말 좋겠습니다.

유머는 머리에서 나오는 것이 아니라 마음에서 나온다.

- 토머스 칼라일 -

## Menu 4
# 달콤한 인생 레시피

더 즐겁게, 더 달콤하게 인생을 살고 싶은 것은 모두의 바람입니다. 하지만 어떻게 살아야 달콤한 인생을 살 수 있는지는 누구도 알 수 없습니다. 잠시 쉬어가더라도 행복한 삶을 영위하기 위해서는 나에게 적합한 인생 레시피를 만들어야 합니다.

## 자신과 연애하듯

### 젤린스키

● 우리는 원만한 대인관계를 유지하는 방법을 배워왔습니다. 상대를 배려하는 방법이나 호감을 주는 인사법, 온화한 표정을 가꾸는 법도 배웠습니다. 친절하면서 용기 있게 사과하는 방법을 포함해서요. 이런 기본적인 대인관계 방법은 유치원에서부터 중년이 넘도록 계속 익혀갑니다. 하지만 참 어렵죠. 무엇이든 실전은 그런 것 같습니다. 더 심각한 건 자신과 사이좋게 지내는 방법은 누구도 가르쳐주지 않는다는 데 있습니다. 본인 역시 자신을 알고자 노력하는 경우가 드뭅니다. 그러나 인간관계에서 그 무엇보다 중요한 건 자신을 사랑하는 일입니다. 만약 성인이 된 후라도 여전히 다른 사람과 원만히 지내는 것에 어려움이 있다면 우선 자기 자신과의 관계를 들여다보면서 문제가 있지 않은가 살펴봐야 합니다. 엄밀히 말해,

자신을 깊이 이해하지 못하거나 사랑하지 않으면 그 누구와도 원만한 관계를 맺는 일이 불가능합니다.

좋은 관계란 상대가 어떤 사람인지 잘 알고 있을 때 가능해집니다. 상대의 특징 이모저모를 잘 알고 있어야 때에 따른 적절한 대응이 가능하기 때문입니다. 좋아하고, 싫어하는 것, 즐겨 듣는 음악이나, 좋아하는 음식에 대한 정보가 있다면 사이를 돈독히 만드는 데 유용하겠죠.

자기 자신과도 마찬가지입니다. 본인도 자신이 정말 좋아하는 것들, 이를테면 내가 원하는 이성의 특징이나 침체된 감정에 불을 지펴주는 자극이 뭔지, 궁극적으로 내가 추구하는 미래의 모습은 어떤지 잘 아는 게 매우 중요합니다. 분명 시간이 필요할 겁니다. 내 속에 들어 있는 것들을 하나하나 분명히 헤아려 보려면 말입니다. 때론 혼자 조용히 어딘가로 떠나보는 것도 참 좋을 것 같습니다. 분주함 속에서는 진짜 나를 들여다보는 일이 결코 쉽지 않을 테니까요.

『채근담』은 자신의 내면을 들여다보는 시간이 필요함을 이렇게 전하고 있습니다.

"밤 깊어 인적이 고요한 때에 홀로 앉아 마음을 들여다보면, 비로소 망령된 생각이 사라지고 참된 마음만이 홀로 드러남을 알게 된다."

『대학』에도 이런 문구가 나옵니다.

"고요한 뒤에야 능히 안정이 되며, 안정이 된 뒤에야 능히 생각할 수 있고, 깊이 사색한 뒤에야 능히 얻을 수 있다."

이렇게 자신의 내면을 들여다보는 시간을 몸소 실천한 저명한 작가이자 컨설턴트 어니 J. 젤린스키의 말을 기억하면 좋겠습니다.

"자신과 연애하듯 살아라. 자부심이란 다른 누구도 아닌 오직 당신만이 당신 자신에게 줄 수 있는 것이다. 다른 사람들이 당신에 대해 뭐라 말을 하든 어떻게 생각하든 개의치 말고 언제나 자신과 연애하듯이 삶을 살아라."

연애를 시작하면 상대의 일거수일투족 모든 게 궁금해집니다. 더 많이 알면 알수록 같이 할 수 있는 것들도 늘어나죠. 함께 취미를 공유하며 즐거움을 나누고 싶어 합니다. 이렇게 연애하듯 자신과 가까워지려는 노력을 아끼지 않았으면 합니다. 거기서부터 행복한 인생이 시작될 수 있으니까요.

다른 사람들과 사이좋게 지내기 전에 먼저 우리 자신과 사이좋게 지내야만 한다.
(…) 내면적 갈등을 해결하지 못한 사람은 자기 자신과 사이좋게 지낼 수 없고,
자기 자신과 사이좋게 지낼 수 없는 사람은
당연히 다른 사람들과도 사이좋게 지낼 수 없다.

- 루 매리노프 -

# 쾌락, 브레이크를 밟아라
## 아리스토텔레스

● 유혹은 지뢰에 비교할 수 있습니다. 지뢰는 겉으로 보이지 않도록 숨겨두죠. 유혹도 비슷할 듯합니다. 어떤 유혹은 걸려드는 순간 인생을 송두리째 흔들어버립니다. 유혹이란 게 이렇듯 치명적인 것도 있지만 천천히, 교묘하게 일상에 깊숙이 습관으로 다가오기도 합니다.

그중 한 가지로 무차별적인 스팸메일과 스팸전화가 있죠. 이런 것들은 교묘한 방법으로 누군가를 낚아채려는 의도가 담겨 있습니다. 때론 지나치게 선정적인 사진이나 자극적인 영상 들이 유혹해오기도 합니다. 마치 쾌락을 위해 달리는 기관차처럼 심각한 수준을 넘기도 합니다. 이런 현실을 미리 내다보거나 한 것처럼 아리스토텔레스는 이렇게 일침을 가합니다.

"사람들이 나쁘게 되는 것은 쾌락을 추구하고 고통을 회피하기 때문이다. 추구하거나 회피해서는 안 되는 쾌락과 고통을 추구하거나 회피하면서 잘못을 저지른다."

아리스토텔레스는 사람이 불행해지는 원인을 쾌락을 추구하는 삶에서 찾았습니다.

세계적인 정신과 의사이자 저술가인 모건 스캇 펙도 저서 『아직도 가야 할 길』에서 쾌락을 다스리는 것이 얼마나 중요한가에 대해 이렇게 조언합니다.

"즐거움을 유보하는 것은 삶의 고통과 기쁨을 적절히 배열하는 과정이다. 곧 삶의 고통을 먼저 접하고 극복함으로써 나중에 기쁨이 배가 되도록 하는 것이다. 이것이야말로 삶을 제대로 살아가는 유일한 방법이다. (…) 세상에 공짜는 없는 법이어서 이렇게 놀다가 결국은 심리상담가나 정신과 의사의 치료를 받게 된다."

아리스토텔레스와 스캇 펙은 쾌락을 다스리는 것이 중요하다고 말합니다. 그래서 삶의 유혹을 구분할 수 있는 분별력이 필요한 것입니다. 어떤 것이 유혹인지 아닌지 구별해야 합니다. 그렇지 않으면 도처에 숨은 유혹에서 헤어나올 수 없습니다.

대체적으로 유혹은 귀와 눈에서 시작됩니다. 누군가 제안하는 이야기에 솔깃해서 쉽게 판단을 하는 사람을 일컬어 '귀가 얇다'고 하죠. 일단 듣고 나면 사람은 흔들립니다. 제어하려고 해도 마음대로 되지 않는 게 유혹입니다. 순간의 쾌락을 주고 손쉽게 이익을 취하게 만들어 주니까요. 그러니 가급적 유혹의 이야기는 듣지 않는 게 중요합니다.

유혹에 빠질 만한 제안이나 이야기를 들었을 때는 판단을 미뤄야 합니다. 또는 다른 사람에게 의견을 묻고 판단해도 좋습니다. 여러 사람과 이야기하다 보면 유혹의 덫이 잘 드러나기 때문입니다.

보지 말아야 할 것들을 가려내는 것도 중요할 것입니다. 유혹의 또 다른 시작인 눈을 보호하는 거죠. 유혹은 TV 광고와 인터넷, 유명인의 겉모습 등 많은 것들이 있습니다. 시선을 두는 곳에서는 상상도 파노라마처럼 펼쳐집니다. 보통 인내심과 결단력이 없으면 여러 감정에 노출되고 쉽게 휘둘리기도 합니다.

유혹은 희망을 품고 나아가는 길에서 지뢰를 만나는 것과 같습니다. 언제, 어느 곳에 숨겨져 있을지 모르기 때문에 더 조심해야 합니다. 한 번 빠져들면 그 충격의 여파가 상상을 초월하므로 경계심을 늦추지 않도록 힘써야 합니다. 그럴 때 우리는 한층 더 성장할 수 있습니다.

## 뜨거운 햇빛, 달콤한 열매

피서

● 뜨거운 햇볕이 내리쬐는 날이면 너도나도 쉴 곳을 찾아 떠납니다. 산과 들, 강과 바다는 사람들로 인산인해를 이룹니다. 연신 헐떡이는 숨 사이로 흐르는 땀방울은 삶을 지치게 만듭니다. 어느 곳에서도 삶에 집중하지 못하니 차라리 며칠 쉬는 게 낫다는 생각이 듭니다. 잠깐이지만 그때는 도시도 제 기능을 잃어버립니다.

 모두가 여유롭게 휴가를 즐길 때 가장 분주한 것들이 있습니다. 바로 산과 들의 곡식과 열매 들입니다. 뜨거운 햇볕 속에 무르익음이 시작되는 것입니다. 햇볕이 뜨거울수록 더 맛있게 익어갑니다. 제일 맛있는 당도는 강렬한 햇볕이 비추는 기간에 생깁니다. 햇볕이 강할수록 단단하고 알차게 익어갑니다.

강한 태풍이 불면 병들고 약한 것들은 모두 떨어지거나 쓰러집니다. 뜨거운 햇볕과 폭풍우로 강해지는 과정을 겪지 않은 것들은 쉽게 떨어지기 마련입니다. 강한 비바람을 견뎌낸 것들이 탐스럽게 익어가면 수확을 기다리게 됩니다. 이런 자연의 이치를 꿰뚫고 쓴 시가 있습니다. 바로 시인 장석주의 '대추 한 알'입니다. 짧은 시지만 그 통찰이 놀랍습니다.

### 대추 한 알

장석주

대추가 저절로 붉어질 리는 없다.
저 안에 태풍 몇 개
저 안에 천둥 몇 개
저 안에 벼락 몇 개가 들어서서
붉게 익히는 것일 게다.

저게 저 혼자 둥글어질 리는 없다.
저 안에 무서리 내리는 몇 밤
저 안에 땡볕 한 달
저 안에 초승달 몇 날이 들어서서
둥글게 만드는 것일 게다.

붉은 대추 한 알에 숨어 있는 이치는 우리 인생에도 그대로 적용됩니다. 뜨거운 햇볕 같은 인생의 역경을 이겨내야 탐스러운 결실을 거둘 수 있기 때문입니다. 역경과 고난을 견뎌내지 못하면 삶의 면역력이 떨어집니다. 조그마한 어려움에도 쉽게 넘어지고 좌절합니다.

독일의 철학자 쿠노 피셔는 그런 인생의 이치를 도자기에 빗대어 이야기합니다.

"뜨거운 가마 속에서 구워낸 도자기는 결코 빛을 바래는 일이 없다. 이와 마찬가지로 고난의 아픔에 단련된 사람의 인격은 영원히 변하지 않는다. 안락은 악마를 만들고 고난은 사람을 만드는 법이다."

뜨거운 불 속에서 견뎌낸 도자기가 천년을 이어가는 빛깔을 냅니다. 세월이 흘러도 깨지지 않는 강도는 뜨거운 불을 견디면서 생깁니다. 우리의 인생도 이와 다르지 않습니다.

보지도, 듣지도, 말하지도 못한 헬렌 켈러는 자신에게 불어닥친 장애를 이렇게 해석했습니다.

"나는 나의 역경에 대해 하나님께 감사한다. 왜냐하면 나는 역경 때문에 나 자신, 나의 일, 그리고 나의 하나님을 발견했기 때문이다."

삼중고 속에서 그녀는 하나님을 의지할 수 있게 되었습니다. 하나님이 어떤 분인지 보지도 듣지도 말하지도 못했기에 더 잘 보고 만날 수 있었습니다. 장애가 인생의 비전과 일을 발견하도록 도왔던 거죠. 그러니 자신에게 주어진 인생의 역경을 오히려 감사하게 생각한 것입니다.

수년을 인정받지 못하고 나라를 떠돌며 인생의 쓴맛을 본 공자도 이런 말을 남겼습니다.

"저 골짜기에 흐르는 물을 보라. 그 앞에 있는 모든 장애물에 대해서 스스로 굽히고 적응함으로써 줄기차게 흘러 드디어는 바다에 이른다. 적응하는 힘이 사유로워야 사람도 그가 부닥친 운명에 굳세지는 것이다."

여러분의 삶에 지금 피할 수도 없이 뜨거운 햇볕이 내리쬐고 있나요? 그렇다면 여러분은 지금 더 강해지고 인생의 깊이와 맛을 알아가는 시기라고 볼 수 있습니다. 한층 여물어가고 있는 것입니다. 그러니 너무 회피하려고 하지 마십시오. 의연하게 견디고 맞서십시오. 그런 과정에서 인생의 무르익음이 완성됩니다.

역경에 부딪쳐서 고난을 극복해본 적이 없는 사람은
자기 자신의 참된 능력을 알지 못한다.

- 벤 존슨 -

## 상처에 멋지게 복수하는 법
누버

● 어린 시절 짓궂은 장난이나 실수로 상처가 생긴 경우가 있습니다. 오랜 세월이 흘러도 남아 있는 상처를 보면 속이 상합니다. 눈에 보이지 않는 곳은 그래도 괜찮습니다. 하지만 얼굴에 남은 상처 자국은 인상에 영향을 주고 상처 자국을 볼 때마다 마음이 아픕니다. 요즘은 좋은 약이 나오고 의료기술이 발달해 육체에 남은 흉터는 어느 정도 없앨 수 있게 되었습니다. 그러나 우리 마음에 새겨진 상처는 반드시 흉터가 남습니다. 이렇게 새겨진 상처의 흔적을 어떻게 없애야 할까요?

 마음에 새겨진 상처들은 대부분 사람에게 받은 것입니다. 가족이나 가까운 사람들에게 받는 경우가 많습니다. 어렸을 때 받은 상처는 어른이 되면서 아물어 해결이 됐을 것이라 생각합니다. 하지만 모기에 물린 자리가 다음 날 더 가렵고 아프듯이 마음의 상처는 시간이 지날수록 더 지독하고 아프게 우릴 괴롭힐 때가 있습니다. 특히 원하는 대로 일이 풀리지 않거나 고난 중에 있을 때면 더욱 기승을 부립니다.

안타까운 것은 자신이 받았던 상처가 고스란히 다른 누군가에게 전달된다는 점입니다. 자신도 모르는 사이에 자기 상처를 다른 사람에게 주고 있는 것을 보게 됩니다. 이것은 무서운 복수입니다.

가장 좋은 치유방법은 상처 준 사람이 진심으로 사과하고 용서를 비는 것입니다. 그러나 현실에서 이렇게 되기란 쉽지 않습니다. 상처를 주는 사람도 받는 사람도 그것이 상처인지 모르는 경우가 있기 때문입니다. 설령 안다고 해도 눈에 보이지 않는 상처에 대해 사과하기란 참 어렵습니다. 그것이 얼마나 중요한 일인지 알지 못하는 이유도 한몫합니다.

치유되지 않은 상처는 시한폭탄과 같아서, 중요한 순간마다 발목을 잡습니다. '나는 쓸모없는 사람인가 봐, 내가 잘할 수 있는 일이 있겠어, 언제 버림받을지 몰라.'와 같은 생각에 사로잡힐 수 있습니다. 그러니 어떻게든 마음의 흉터를 없애야 합니다.

과거의 아픈 상처에 복수하지 않으려면 그 시간으로부터 벗어나야 합니다. 철학자 키에르케고르는 "우리는 과거를 이해할 수 있다. 그러나 우리는 미래를 살아야 한다."고 말했습니다. 과거에 사로잡혀 자신을 학대하고 비난하는 것이 아니라 그 시간에 더 나은 미래에 대해 생각하라는 의미입니다. 그렇게 하기 위해서는 과거를 이해하는 과정이 필요합니다. 왜 그런 일이 일어날 수밖에 없는 상황이었는지를 살피는 것입니다. 지나온 시간을 이해해야 과거에 집착하지 않을 수 있습니다. 과거는 돌이킬 수 없다는 것을 인식하고 받아들이겠다는 생각도 중요합니다.

베르톨트 브레히트의 시 중에 '모든 것은 변화한다.'라는 시가 있습니다.

### 모든 것은 변화한다

베르톨트 브레히트

지난 일은 지난 일.

포도주에 따른 물

다시 따라내진 못하리.

세상에 변하지 않는 것 없어라.

마지막 숨으로

다시 시작할 수 있으리.

포도주에 따른 물을 다시 따라내지 못함을 인정하는 것입니다. 그러면 과거에서 해방될 수 있습니다. 헤르만 헤세는 "슬픔을 사랑하라. 저항하지도 말고 달아나지도 마라. 슬프게 하는 것은 당신의 반감일 뿐 그 어떤 것도 아니다."라고 말했습니다. 독일 최고의 심리상담가인 우르술라 누버는 "어린 시절 경험에 매달리지 마라. 인생은 결국 스스로 만드는 것이다."라고 이야기했습니다. 더 이상 자신을 아프게 하는 것들에 집착하지 말라는 이야기입니다. 있는 그대로의 자신을 인정하고 받아들여야 합니다.

　가장 중요한 것은 자기 안의 아픈 상처를 직접 치유하는 태도입니다. 아파하는 자신을 향해 위로의 말을 전하고 스스로를 사랑하는 것입니다. 그리고 자신을 안아주고 말해주십시오.

"괜찮다. 네 잘못이 아니었다."

　그리고 용서하십시오. 이것이 과거의 상처에 가장 멋지게 복수하는 길이며, 지금 현재의 행복과 미래의 희망을 찾는 길입니다. 과거의 상처 때문에 현재의 행복을 저당 잡히지 말았으면 합니다. 그러기엔 오늘 우리가 누려야 하는 행복이 너무 소중하니까요.

아무것도 변명하지 말라.
아무것도 지우지 말라.
있는 그대로 보고 말하라.
그러면 당신에게는 사실을 새롭게 조명해주는 것들이 보일 것이다.

- 루드비히 비트겐슈타인 -

# 자녀에게 현명한 조언을
## 랜디 포시

● 인생에서 가장 어렵고 뜻대로 되지 않는 일 중 하나가 자식을 키우는 일이라고 합니다. '무자식이 상팔자'라는 말이 있잖아요. 자식을 갖지 못해 안타까워하는 사람들에게는 잔인한 말일 수 있지만 자식을 낳고 키워본 부모라면 이 말이 가진 의미를 격하게 공감할 것입니다. 자식을 잘 키우기 위해 고민하고 애쓴 세월의 노고 때문입니다. 자식 때문에 마음 졸이고, 애태우던 삶의 순간이 주마등처럼 스치고 지나가기에 이런 말을 하는 것이겠죠.

모든 부모가 자식을 사랑합니다. 하지만 어떻게 사랑해야 할지 몰라 우왕좌왕하면서 예기치 않는 괴로움에 시달릴 때가 있습니다. 지나친 욕심과 아이를 잘 알지 못하는 무지가 오히려 자식의 앞길을 망치는 결과를 낳을 때도 있습니다.

교육 이론가의 말과 책 들이 모두 내 아이에게 적용되는 것은 아닙니다. 그렇더라도 내가 알지 못하는 부분은 듣고 배워야 합니다. 나는 못했으니 너는 해야만 한다며 지나치게 강요하거나, 어차피 네 인생인데 네가 알아서 하라며 방임하거나, 아이의 필요와 욕구를 미리 채워주기 위해 나홀로 고군분투하는 것도 모두 정답은 아닙니다.

 헤르만 헤세의 『수레바퀴 아래서』에는 우리의 고민을 조금이나마 이해할 수 있는 장면이 나옵니다. 주인공 한스 기벤라트는 어린 시절 낚시를 좋아했습니다. 물 위에 어른거리는 찌와 낚싯대의 흔들림, 물고기를 잡았을 때의 흥분은 이루 말할 수 없었습니다.

 하지만 아버지는 한스가 좋아하는 것에 대해 잘 알지 못했습니다. 오직 공부를 하라고 강요할 뿐이었습니다. 다행히 한스도 모범생이었고 공부를 잘했습니다. 아버지는 한스가 신학교에 입학하기를 바랐고, 한스는 아버지 뜻대로 신학교에 입학합니다. 아버지와 가족의 기대를 한몸에 받고 신학교에 입학하지만 자신이 학교 공부를 좋아하지 않는다는 것을 깨닫습니다. 학교 적응에 어려움까지 겪다가 신경쇠약으로 학교에서 쫓겨나게 됩니다. 아버지와 가족들은 기대를 저버리고 불명예스럽게 고향으로 돌아온 한스를 따뜻하게 감싸주지 않았습니다. 한스는 공장에서 일을 해보려고 힘써보지만 고된 노동으로 삶의 의욕까지 상실하고 결국은 비극적으로 생을 마감하고 맙니다.

 자신이 원하는 삶을 살지 못하고 누군가가 바라는 대로 살아가다 결코 원치 않았던 결말을 맞이하는 모습이 안타깝습니다. 헤르만 헤세는 자신의 청소년기 삶이 한스와 비슷했다고 고백합니다. 그랬기에 자신과 같은 사람이 나오지 않기를 바라는 의미로 이 글을 썼다고 합니다. 그런 의도가 담긴 헤세의 메시지가 있습니다.

"나의 기대가 그에게 족쇄로 채워져서는 안 된다. 내 사랑이 그를 가둬버리면 안 된다. 내 꿈이 사랑하는 이를 짓누르는 수레바퀴가 되어서는 안 된다. 그에 대한 믿음으로 그에게 자유를 주라. 내가 할 일은 그를 짓누르는 수레바퀴를 치워주는 것. 아니 그보다 먼저 수레바퀴 밑에 깔린 내 영혼을 구하고, 자유로워진 내 영혼의 눈으로 그를 바라보는 것."

자식은 부모가 원하는 대로 살아지는 것이 아닌 것 같습니다. 그러니 자식들이 원하는 것이 무엇인지 발견할 수 있도록 돕는 데 집중해야 합니다. 스스로의 인생을 개척하는 힘을 길러주는 것에 교육의 초점을 맞추면 좋을 듯합니다. 성장한 후 부모 곁을 떠나 독립해 살아가도록 기회를 주는 것도 현명한 선택입니다.

젊은 나이에 췌장암에 걸려 시한부 삶을 선고받은 랜디 포시 교수는 얼마 남지 않은 시간을 앞두고 아이들에게 평생 간직할 만한 메시지를 강의로 전달했습니다. 그 이야기가 바로 『마지막 강의』입니다. 이 책에서 랜디 포시는 부모의 역할에 대해 이렇게 말합니다.

"내 생각에 부모의 임무란, 아이들이 일생 동안 즐겁게 할 수 있는 일을 찾고 그 꿈을 열정적으로 꿀 수 있도록 격려하는 것이다. 나는 너희들이 꿈의 성취로 가는 자기만의 길을 발견하기를 원한다. 그리고 나는 여기에 없을 것이므로, 한 가지 분명히 해두고 싶다. 애들아, 아버지가 너희들이 무엇이 되기 바랐는지 알려고 하지 마라. 나는 너희들이 되고 싶은 것이라면 그게 무엇이든, 바로 그것을 이루기를 바랄 뿐이다."

　어린 세 아이들을 두고 세상을 떠나야 하는 부모의 마음이 엿보입니다. 인생을 살면서 필요한 조언들이 얼마나 많겠습니까. 하지만 수많은 말들을 뒤로하고 랜디 포시는 아이들에게 되고 싶은 것을 위해 살라고 말합니다. 이 시대 자녀교육을 놓고 고민하는 부모들이 한 번쯤 깊게 생각해봐야 할 조언이 아닐까 합니다.

인생은 목표를 이루는 과정이 아니라 그 자체가 소중한 여행일지니,
서두른 자녀교육보다 과정 자체를 소중하게 생각할 수 있는
훈육을 시키는 것이 더욱 중요하다.

- 키에르케고르 -

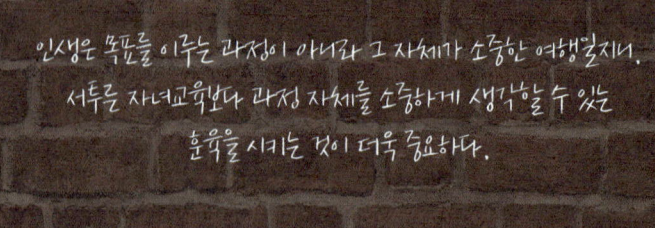

# 내 인생의 속도
## 몽테뉴

● 가끔 버스나 자동차로 장거리를 갈 때 고속도로 휴게소를 기대하게 됩니다. 휴게소는 생리현상도 해결하고 자동차의 열기도 식히는 곳이죠. 지친 몸을 쉬게 하고 에너지를 충전하기 위해 휴게소는 꼭 필요합니다. 맛있는 간식도 먹고 때로는 끼니도 해결할 수 있습니다. 커피 한 잔으로 졸음을 쫓아내기도 하고 직업으로 운전하는 사람들은 정해진 시간에 꼭 쉬어가야 한다는 규정도 만들어놓습니다. 잠시라도 쉬지 않으면 남은 거리를 효과적으로 갈 수 없기 때문입니다.

목적지까지 가는 길에 에너지를 충전하는 휴게소도 필요하지만 더 중요한 것은 속도를 제어할 수 있는 브레이크입니다. 브레이크가 있어야 속도 조절이 가능합니다. 위험한 상황에서 자신을 지킬 수 있는 방법은 브레이크를 밟는 것입니다. 브레이크가 없는 자동차는 자동차로서 의미가 없습니다. 아무리 잘 쉬고 에너지를 보충해도 달리는 차를 제어할 수 있는 것은 브레이크입니다.

우리 인생도 마찬가지입니다. 원하는 목표를 향해 달릴 때, 적절한 시기에 브레이크를 밟아주는 판단이 필요합니다. 절제하지 않고 속도를 높이기만 하면 위험한 순간을 만날 수 있기 때문입니다.

노자는 『노자』 44장에서 이렇게 말했습니다.

"만족할 줄 알면 욕되지 않고, 그칠 줄을 알면 위태롭지 않다. 그 결과 오래오래 갈 수가 있다."

자신의 인생 속도계를 잘 살피면서 절제해야 할 때 브레이크를 밟아야 한다는 의미입니다. 제한 속도를 어기면 사고의 위험성이 큽니다. 속도위반으로 범칙금을 지불해야 할 때도 있고, 교통단속에 걸리지는 않을지 불안해할 수 있습니다.

노자뿐만 아니라 공자도 『논어』의 요왈 편에서 이렇게 말했습니다.

"천명天命의 존재를 깨닫지 못하면 학문을 한 교양인이라고 할 수 없고, 예를 모르면 사회에서 입신할 수 없고, 다른 사람의 말을 분별하지 못하면 그 사람이 어떤 사람인지를 알 수 없다."

공자는 자신이 도달할 수 있는 최대치를 모르면 한 사회를 이끌어가는 사람이 될 수 없다고 합니다. 자기 한계를 알 수 있어야 함을 강조하는 말입니다. 자신의 한계를 어느 정도 간파할 수 있어야 적정한 속도에서 브레이크를 밟을 수 있다는 의미입니다. 그렇지 않으면 고달프게 살아갈 수밖에 없습니다.

미셸 드 몽테뉴의 『수상록』에도 적절한 타이밍에 멈춰야 하는 이유가 나옵니다.

"한 마리 준마의 힘은 그 말이 적당한 때에 딱 정지할 수 있는가를 보는 것으로밖에는 더 잘 알아볼 것이 없다. 분수 있는 사람들 중에도 줄기차게 말하다가 그만 끊고 싶어도 그렇게 하지 못하는 것을 본다."

아리스토텔레스도 아들에게 전하는 행복론 『니코마코스 윤리학』에서 이와 비슷한 말을 전합니다.

"우리가 피해야 할 도덕적 성품에는 세 가지가 있다. 즉, 악덕과 자제력 없음과 짐승 같은 상태이다."

자제력이 없는 사람, 즉 인생에 브레이크가 없는 사람은 행복하게 살아갈 수 없다고 아들에게 말합니다.

목적지까지 빠르고 안전하게 가는 길에 쉼은 꼭 필요합니다. 하지만 그보다 더 중요한 것은 인생의 속도를 제어하고 자제시킬 수 있는 브레이크라는 것을 잊지 마십시오.

지금 내 인생의 속도는 얼마나 되는지 점검도 필요합니다. 가속 페달을 밟으며 전진해야 하는지, 잠시 쉬어야 할 때인지, 브레이크를 밟아 속도를 제어하고 조절해야 하는지 살펴야 합니다. 가속 페달과 브레이크를 적절하게 사용할 줄 아는 지혜가 우리에게 필요합니다.

나는 지금까지 욕망을 충족시키려고 힘쓰기보다는
그것을 제한함으로써
행복을 구하는 방법을 배웠다.

- 존 스튜어트 밀 -

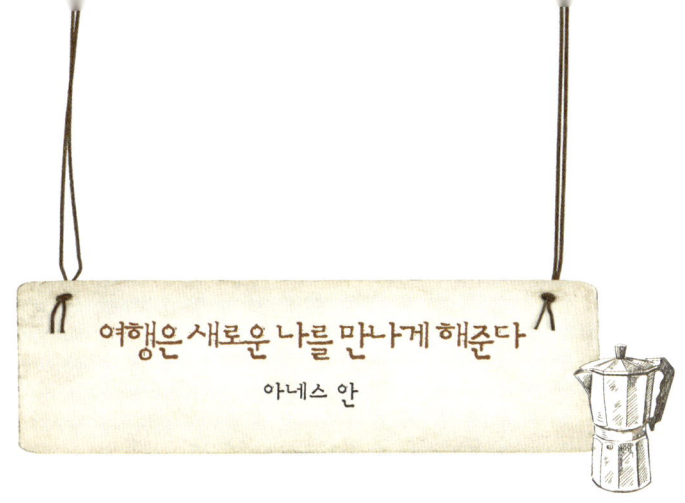

# 여행은 새로운 나를 만나게 해준다
## 아네스 안

● 여행은 언제나 설렙니다. 어린 시절 갔던 소풍과 수학여행, 수련회 등은 그 자체로 기쁨이었고 행복이었습니다. 낯선 곳에 대한 두려움과 설렘이 적절하게 섞여 미묘한 감정을 느끼게 해줍니다. 그런 설렘 자체가 여행의 가장 큰 선물이 되기도 합니다. 그래서 더 자주 여행을 계획하고 떠나는 상상을 하게 됩니다. 지겨운 일상을 벗어나고 싶어서, 모든 것을 털어버리고 자유로운 영혼이 되고 싶어서, 지칠 대로 지친 심신의 피로를 풀고 힐링을 하기 위해서 말입니다. 하지만 현실의 무게 때문에 즐거운 여행 계획을 허물어야 할 때가 많습니다. 경제적인 어려움과 낯선 곳에 대한 두려움도 여행을 떠나지 못하게 합니다. 특히 혼자 떠나는 여행은 더 어렵습니다. 혼자라는 두려움으로 쉽게 길을 나서지 못합니다.

그럼에도 불구하고 여행은 필요합니다. 여행은 단순히 놀이와 휴식이 아니라 나를 만나는 시간이기 때문입니다. 지금까지 알지 못했던 나를 발견하고 돌아볼 수 있습니다. 자신이 어떤 사람인지를 알아가는 계기가 되는 것입니다.

이탈리아 여행기를 쓴 김미진은 『로마에서 길을 잃다』에서 여행의 의미를 이렇게 말합니다.

"여행은 지도가 정확한지 대조하러 가는 게 아니다. 지도를 접고 여기저기 헤매다 보면 차츰 길이 보이고 어딘가를 헤매고 있는 자신의 모습이 보인다."

홀로 세계를 여행한 한비야는 『1그램의 용기』에서 혼자 하는 여행의 중요성에 대해 이렇게 강조했습니다.

"혼자 다니면서 부딪히는 사람들과 사건 사고를 통해 마음에 드는 나 또는 꼴 보기 싫은 나를 만나면서 조금씩 내가 어떤 사람인지 알아가게 된다. 여행 중 최고로 좋은 여행은 혼자 걷는 여행이다."

혼자 여행을 떠나본 사람들은 그 시간의 매력을 충분히 알고 있는 듯합니다. 그중 가장 큰 매력은 혼자만의 시간을 통해 자기 삶을 돌아보고 사색할 수 있는 시간을 만날 수 있다는 것입니다. 그녀는 "자신이 어디로 가고 싶은지 거기로 가려면 무엇을 해야 하는지에 대한 방향을 스스로 잡아야 한다."고 조언했습니다.

구본형은 여행 후 1인 기업가이자 변화경영 전문가로 거듭날 수 있었습니다. 직장생활을 하던 중 홀로 떠난 여행에서 자신이 앞으로 살아갈 길을 새롭게 찾고 과감하게 사표를 내던질 이유를 발견한 거죠. 그의 유고

작인『나는 이렇게 될 것이다』에서는 여행을 이렇게 설명했습니다.

"삶 자체가 여행이다. 생명이 시작할 때 죽음도 같이 시작된다. 인생의 중반에 이르러 생명의 양과 죽음의 양은 절반씩 인생을 양분한다. (…) 나는 빛과 그림자 사이를 걷는다. 뜨거우면 나무 그늘에 앉아 쉬고, 추우면 햇빛 쪽으로 나온다. 여행은 삶의 질서에 지친 사람들이 자유를 찾아 길로 나서는 것이며, 길 위의 나그네로 지내는 자유에 지치면 다시 일상의 질서로 되돌아오는 것이다. 다른 사람 속에서 나를 보고, 내 속에서 다른 사람을 본다."

여행 예찬가답게 여행을 통해 깨달은 성찰이 눈부십니다.

'여행길에서 찾은 지혜의 열쇠'라는 부제가 붙은『프린세스 심플 라이프』라는 책이 있습니다. 이 책의 저자 아네스 안은 여행의 의미를 이렇게 밝힙니다.

"여행이란 일상에서 영원히 탈출하는 것이 아니다. 좀 더 새로워진 나를 만나는 통로이며 넓어진 시야와 마인드 그리고 가득 충전된 에너지를 가지고 일상으로 돌아오게 하는 것이다."

실제 여행은 생각과 계획대로 되지 않을 수도 있습니다. 음식으로 고생할 수도 있고 현지에서 느끼는 감흥이 크지 않을지도 모릅니다. 그러나 아무리 고생한 여행일지라도 반드시 얻는 것은 있습니다.

번잡한 곳을 떠나 나에게 집중하는 시간이 필요합니다. 새로운 환경에서 자신을 바라볼 때 또 다른 나를 발견할 수 있기 때문입니다. 과감하게 떠나는 사람만이 자신의 진정한 모습을 발견할 수 있고 만날 수 있다는 사실을 생각하며 짐을 꾸려보는 건 어떨까요?

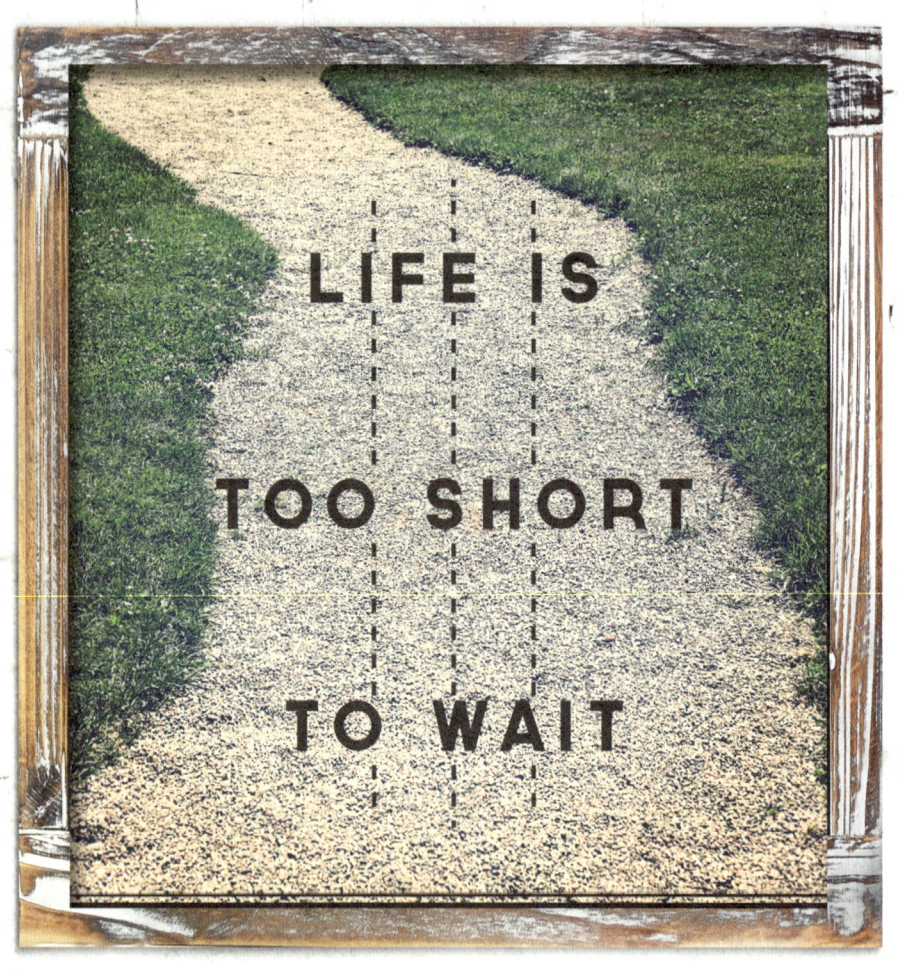

쾌락은 우리를 자기 자신으로부터 떼어놓지만
여행은 스스로에게 자신을 다시 끌고 가는 하나의 고행이다.

- 알베르 카뮈 -

# 서두르기 전에 쉬어가자

### 쇼펜하우어

● 목표와 꿈을 향해 가는 것이 중요시되고 강조되는 세상입니다. 잠시만 멈춰도 낙오자가 되는 분위기입니다. 한가하고 여유 있게 지내는 것이 죄악시되고, 지나친 속도 경쟁으로 모두가 지치고 힘겨워합니다. 그럼에도 불구하고 쉬지 못합니다. 쉬고 있을 때 누군가 나의 자리를 꿰차고, 누군가는 내 사업을 앞지르고, 누군가는 그 시간에 치열하게 인생을 준비하고 전진하고 있을 것이라는 두려움 때문입니다.

헨리 데이비드 소로는 도시의 생활을 뒤로하고 한적한 호숫가로 들어가 삽니다. 그곳에서 쉬면서 자기 인생을 성찰하는 시간을 갖습니다. 그러면서 『고독의 즐거움』이라는 책을 통해 현대인들에게 일침을 가합니다.

"왜 우리는 그리도 성공에 목말라 하는가, 왜 죽을 힘을 다해 사업에 성공하려 하는가, 천천히 리듬을 타더라도, 저 멀리에서 아련히 들린다 해도 자신의 귀에 즐거운 음악에 맞춰 걸으면 된다. 사과나무나 호두나무처럼 서둘러 어른이 되는 것이 중요하지 않다. 아직 봄인데 서둘러 여름으로 가려 하지 말자."

소로의 말이 공감은 가지만 현실은 다르다고 이야기하는 사람도 있을 것 같습니다. 하루하루가 전쟁터 같은데 가만히 앉아 있을 수 없다고 말입니다.

그래도 우리에게는 쉼이 필요합니다. 쉼표가 없는 삶은 효율성, 즐거움, 행복, 인생의 의미 등을 잃어버리게 만듭니다. 쉼표가 없는 음악을 생각해보세요. 여백이 없는 그림도 상상해보세요. 하프타임이 없는 운동경기는 또 어떤가요? 쉼은 선택이 아니라 필수입니다.

원하는 방향대로 가지 못할 때는 잠시 쉬어가라는 신의 뜻일 수도 있습니다. 안 되는 것 때문에 아등바등하기보다는 잠시 물러서서 인생을 바라보는 것도 좋을 것 같습니다. 숲 속에 갇혀 보지 못했던 것들은 숲 전체를 볼 수 있는 곳으로 올라서면 볼 수 있습니다. 다시 입구로 내려가 숲의 조망도를 보는 것도 하나의 방법입니다. 길을 찾겠다고 숲에서 헤매다 보면 찾기 전에 지쳐 쓰러질 수 있습니다. 다시 시작할 수 있는 약간의 힘만 있다면 잠시 쉬어가도 늦지 않습니다. 가장 늦은 때는 늦었다고 포기해버리는 그 순간입니다.

그렇다면 어떤 방법으로 쉼을 얻을 수 있을까요? 좋은 음악을 듣는 것도 하나의 방법일 수 있습니다. 음악은 심신을 안정시키고 치유 효과가 있기 때문에 마음을 부드럽게 어루만져줍니다. 셰익스피어는 『베니스의 상인』을 통해 음악소리를 알아채지 못하는 사람을 경계하라고 말했습니다.

"어쩌다 나팔소리가 귀에 들리든가 무슨 음악소리가 귓전을 스치기만 해도 모두들 일제히 멈춰 서서 그 사나운 눈초리가 온순한 눈빛으로 변하지 않던가요. 그게 바로 아름다운 음악의 힘이오. (…) 마음속에 음악이 없는 사람, 아름다운 조화에 감동하지 못하는 사람, 그런 사람이란 배신이나 음모, 강도질밖엔 하지 못하는 인간들이라오. (…) 그런 자를 믿어선 안 되오. 자, 음악을 들어봐요."

쉼은 이렇게 우리 삶을 반짝거리게 합니다. 속도가 빠르면 들꽃의 아름다움을 볼 수 없는 것처럼 말이죠. 스마트 폰으로 화질 좋은 꽃과 자연을 감상할 수는 있지만, 자연에서 묻어나온 진정한 아름다움은 느낄 수 없습니다. 당연히 향기도 맡을 수 없죠. 쉬지 않고 가다 보면 정말 소중한 것들을 놓칠 수 있습니다.

파울로 코엘료는 잠시 쉬면서 인생의 흐름을 살피는 것에 대해 이렇게 조언했습니다.

"우리는 정상에 오른다는 목표를 항상 유념해야 한다. 하지만 산을 오르는 동안 펼쳐지는 수많은 볼거리 앞에서 이따금 멈춰 선다고 큰일이 날 것까진 없다. 한 걸음 한 걸음 올라갈수록 시야는 넓어진다. 이를 통해 지금까지 인식하지 못했던 사물을 발견해보면 어떨까."

너무 빨리 달리면 본인의 페이스를 잃어버려 중도에 지쳐 쓰러질 수 있습니다. 바쁘게 지내다 보면 사랑하는 이들의 따뜻한 숨결과 호흡을 느낄 수 없습니다. 사랑하는 사람과 조용히 산책하고 길을 걸으며 이야기에 귀를 기울여보세요. 지금까지 느낄 수 없었던 소중한 순간들을 만날 수 있을 것입니다.

돈과 시간의 여유가 될 때 쉬려고 하면 늦습니다. 빠르게 달려갈 때는 결코 보고 들을 수 없던 것들이 걸음을 멈추었을 때 보이고 들린다는 것을 알았으면 좋겠습니다.

마지막으로 아르투르 쇼펜하우어의 말을 되새기며 쉼을 통해 충전하는 기회를 가져보시길 바랍니다.

"같은 물건을 오래 바라보고 있으면 시선이 둔해져 결국 아무것도 보이지 않는다. 그와 마찬가지로 같은 일을 계속 생각하면 오히려 이해하기 어렵게 되는 경우가 있으므로 틈틈이 쉬는 것이 필요하다."

# 가던 길 멈춰 서서

### 윌리엄 헨리 데이비스

근심에 가득 차, 가던 길 멈춰 서서

잠시 주위를 바라볼 틈도 없다면 얼마나 슬픈 인생일까?

나무 아래 서 있는 양이나 젖소처럼

한가로이 오랫동안 바라볼 틈도 없다면

숲을 지날 때 다람쥐가 풀숲에

개암 감추는 것을 바라볼 틈도 없다면

햇빛 눈부신 한낮, 밤하늘처럼

별들 반짝이는 강물을 바라볼 틈도 없다면

아름다운 여인의 눈길과 발

또 그 발이 춤추는 맵시 바라볼 틈도 없다면

눈가에서 시작한 그녀의 미소가

입술로 번지는 것을 기다릴 틈도 없다면

그런 인생은 불쌍한 인생, 근심으로 가득 차

가던 길 멈춰 서서 잠시 주위를 바라볼 틈도 없다면.

우리는 내면의 공간을 만들어서
자신을 되돌아볼 수 있는 시간을 가질 필요가 있다.
그런 시간을 갖지 못한다면,
우리의 자아에 대한 인식은 나아질 수가 없다.
그렇게 되면 우리는 다람쥐 쳇바퀴 속에서
나에게 일어나는 일에 대해 습관적으로 반응할 것이다.

- 기 코르노 -

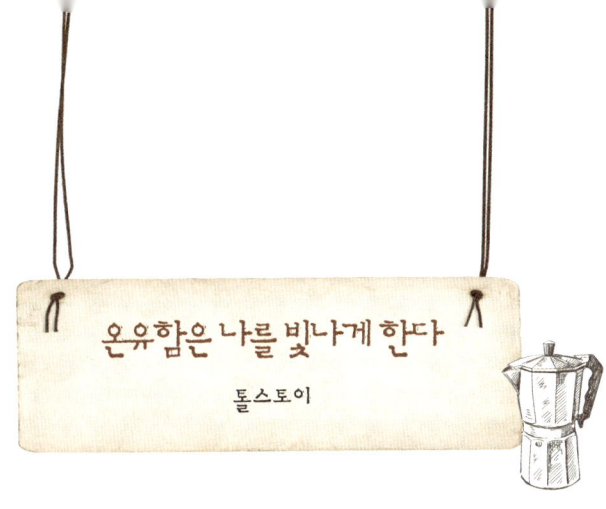

## 온유함은 나를 빛나게 한다

톨스토이

● 마음이 따듯하고 부드러운 사람은 자꾸 만나고 싶습니다. 무거운 고민을 털어놓아도 다 들어줄 것 같습니다. 투정을 부려도 푸근한 마음으로 받아줄 거라는 믿음이 있습니다. 이렇게 차갑지 않고 딱딱하지 않은 사람을 일컬어 온유하다고 말하죠.

온유한 사람은 자기 고집을 내세우지 않고 상대를 인정해주고 받아들입니다. 다른 사람의 의견을 수용하는 것입니다. 받아들이고 수용하는 것은 자기만의 성을 쌓는 것이 아니라 길을 열어주는 것을 의미합니다. 성을 쌓아놓고 숨어 있으면 원만한 소통을 할 수 없지만 마음의 길을 열면 왕래가 가능하고 좋은 관계도 유지할 수 있습니다. 마음의 창문을 열어놓아야 따스한 햇살이 들어올 수 있습니다. 신선한 공기의 순환과 광합성 작용이 일어나 악취도 해결할 수 있습니다. 생명을 살리는 효과는 열고 수용해야 되는 것입니다.

　역사적 사건을 통해서도 수용하고 여는 능력이 얼마나 중요한지 알 수 있습니다. 진시황은 만리장성을 쌓은 후 멸망의 길로 접어들었습니다. 로마는 가도街道를 통해 세계로 뻗어 나갈 수 있는 강대국이 되었고 일본은 메이지유신으로 서양문물을 받아들인 후 근대화를 시작할 수 있었습니다. 반면 우리나라는 홍선대원군의 쇄국정책으로 외세의 침략을 빈번하게 받아 나라를 잃기까지 했습니다. 닫고 여는 차이는 한 나라의 흥망성쇠까지 좌우합니다. 이렇듯 받아들이고 수용하는 자세 즉, 온유한 태도는 중요합니다.

　플라톤도 온유함의 중요성에 대해 이렇게 말했습니다.

　"남에게 너그러운 만큼 내 마음은 넉넉해지고, 남에게 야속하게 행동한 만큼 내 마음은 좁아진다. 남에게 친절하고 관대한 것이 내 마음의 평화를 지켜주는 길이다. 남을 행복하게 할 수 있는 사람이 행복을 얻는다."

　결국 온유한 태도는 남을 위한 일이기도 하지만 나의 평화를 위한 것이기도 합니다. 『채근담』에도 보면 마음의 온유함이 주는 편안함에 대한 말이 있습니다.

　"물결이 잔잔할 때는 달그림자가 맑게 비친다. 물결이 일면 달빛도 흔들린다. 사람도 이와 마찬가지로 그 마음속이 조용하면 저절로 어진 행동을 하게 된다. 생각은 마음에 비치고, 마음은 행동으로 나타나는 법이다."

　또한 온유는 착한 마음씨로 사람을 대하는 태도를 말합니다.

　레프 니콜라예비치 톨스토이는 『톨스토이의 행복 찾기』에서 착한 마음씨의 중요성에 대해 이렇게 말했습니다.

"세상은 눈물의 골짜기나 시련의 함정이 아니다. 산다는 것은 그 자체가 기쁨이다. 살아 있는 것은 무한한 기쁨이다. 한 사람의 비관적인 마음은 스스로를 불행에 몰아넣을 뿐만 아니라 동시에 다른 사람 역시 불행하게 만든다. 착한 마음씨를 갖는 것은 인생의 수레바퀴를 원활하게 돌아가도록 기름을 넣는 것과 같다."

윤활유 없는 기계는 삐걱거리다 멈춰서기 일쑤입니다. 인생도 그렇죠. 너그러운 마음이야말로 삶에 윤활유와 같을 겁니다. 그래서 톨스토이 역시 행복을 이야기하며 착한 마음씨를 강조한 것 같습니다.

독일의 철학자 아르투르 쇼펜하우어도 착한 성품이 중요하다고 말했습니다.

"아무리 눈부시게 빛나는 불꽃도 태양 아래서는 흐릿하다. 사람의 두뇌가 아무리 총명하고 외모가 아무리 아름다워도, 마음속에서 나오는 착함 앞에서는 그 빛을 잃게 된다. 선한 것보다 더 밝고 아름답고 빛나는 것은 없다."

이처럼 착한 행실과 마음으로 사람을 대하는 태도가 무엇보다 중요합니다. 이런 태도가 사람을 얻을 수 있기 때문입니다.

온유함은 새로운 변화를 수용하는 태도를 품는 것이므로 요즘과 같이 변화무쌍한 시대에 더욱 필요한 덕목이 아닌가 합니다. 흔히 부드러움은 강함을 이긴다고 하죠. 약한 것 같지만 결코 약한 것이 아닙니다. 포용하는 것입니다. 최후의 승리자는 부드러운 사람이라는 것을 기억하고, 온유한 성품을 갖기 위해 노력해봅시다.

미모의 아름다움은 눈만을 즐겁게 하나,
상냥한 태도는 영혼을 매료시킨다.
부드러움과 친절은 나약함과 절망의 징후들이 아니고,
힘과 결단력의 표현이다.

- 칼릴 지브란 -

## 하루의 밀도 높이기

아들러

● 꿈의 중요성은 아무리 강조해도 지나치지 않습니다. 꿈이 있어야 원하는 방향으로 갈 수 있기 때문입니다. 간절하면 간절할수록 더 이루어질 확률도 높습니다. 그래서 '꿈은 이루어진다! 생생하게 꿈꾸면 이루어진다!'라며 선명한 꿈이 있어야 함을 강조합니다. 실제로 많은 사람들이 글로 기록하고 입으로 선포해서 원하는 꿈을 이루었습니다.

그러나 꿈과 현실의 괴리감으로 힘들어하는 사람도 있습니다. 간절하게 원하는 꿈이 있기는 하지만 현실을 보면 너무 막막합니다. 자기 힘으로는 현실의 상황을 넘어설 엄두가 나지 않습니다. 아무리 노력해도 원하는 목표에 도달하기까지는 오랜 세월이 걸린다는 것을 깨닫습니다. 그럴 때 우리는 어떻게 해야 할까요?

먼저 꿈을 점검해볼 필요가 있습니다. 실현할 수 없는 망상인지 노력하면 이룰 수 있는 꿈인지 구별하는 지혜가 필요합니다. 하루 종일 실현될 수 없는 망상에 잠겨 있다면 괴리감으로 괴로움만 더할 뿐입니다.

망상과 꿈을 구별하는 방법은 관점을 달리해보는 것입니다. 현재 상황에 갇혀 있다면 자신의 모습을 올바르게 보고 판단할 수 없습니다. 자신의 모습을 제대로 볼 수 있는 곳으로 나아가야 합니다. 관점을 바꾸는 데는 여행이 좋습니다. 낯선 곳에서 자신을 살피다 보면 의외로 보이지 않았던 부분을 발견할 수 있습니다.

자신과 잘 아는 주변 사람들의 조언도 필요합니다. 착각에 빠진 자신을 올바로 바라보고 조언해줄 수 있는 사람을 만나면 쉽게 답을 찾을 수 있습니다. 개인심리학의 창시자이자 프로이트, 융과 더불어 3대 심층심리학자로 손꼽히는 알프레드 아들러도 다른 사람의 시선에서 자신을 바라볼 것을 조언합니다.

"다른 사람의 눈으로 보고 다른 사람의 귀로 듣고 다른 사람의 마음으로 느껴보아라. 당신의 기준과 생각은 이미 틀에 갇혀 있기 때문에 새로운 경험을 늘 방해한다. 제대로 보고 싶다면 다르게 보아야 한다. 그것이 합리화하는 습관의 굴레를 깨고 참된 경험을 하는 방법이다."

자신이 꼭 이루어야 할 꿈이라면 완성된 꿈만 바라보는 것을 금해야 합니다. 꿈이 이루어진 모습만 바라보면 오늘 내가 무엇을 해야 할지 모를 수 있습니다. 그러므로 그 꿈을 이룰 수 있는 실현 가능한 방법을 찾아야 합니다. 한 계단씩 오를 수 있는 방법을 찾고 성취해가는 노력이 필요합니다.

또한 꿈을 이루어가는 인생의 길에는 각종 변수가 기다리고 있습니다. 계획한 대로 척척 이루어지는 꿈은 거의 없으므로 하나씩 문제를 해결해나가야 합니다. 『이솝우화』에 나오는 이야기가 교훈을 줄 수 있을 것 같습니다.

한 아가씨가 우유가 가득 담긴 통을 머리에 이고 시장에 팔러 갑니다. 그러면서 온갖 상상을 합니다.

'이 우유를 팔아서 달걀을 수십 개 사야지. 그 달걀을 어미 닭에게 품게 하면 수십 마리의 병아리를 얻겠지. 그 병아리를 키워 장에 내다 팔면 축제 때 입을 멋진 옷감을 살 수 있을 거야. 그럼 그 옷감으로 아름다운 드레스를 만들어 입고 파티에 참석하면 동네 총각들이 서로 춤을 추자고 야단일 거야. 그렇지만 난 머리를 흔들어 거절해야지.'

아가씨는 이런저런 생각을 하다 자기도 모르게 고개를 흔들었습니다. 그 바람에 머리 위의 우유 통이 흔들려 우유가 모두 쏟아지고 말았습니다.

꿈을 바라보는 시선도 중요합니다. 현실을 바라보면 두려움에 휩싸이게 되는데 두려움은 자신감을 잃게 만듭니다. 의욕적으로 도전하다가도 어느새 현실의 무게감에 고개를 숙이게 되죠. 등산을 하다 보면 구름다리를 건널 때가 있습니다. 건널 수 없는 깊은 골짜기를 쉽게 건너게 만들어놓은 것이 구름다리입니다. 그런데 구름다리의 문제는 철망으로 되어 있어 골짜기가 그대로 보인다는 것입니다. 나아갈 길을 보지 않고 철망 밑으로 시선을 고정시키면 현기증에 발걸음을 옮길 수가 없습니다. 웬만한 강심장이 아니고는 앞으로 나아가기 힘들죠. 그

때는 도달할 목표에 시선을 고정시키면 됩니다. 나아갈 목표에 시선을 고정시키면 현기증도 두려움도 조금씩 멀어집니다. 그렇게 걸어가면 어느새 목적지에 가까이 다가갈 수 있습니다. 하지만 목표에서 시선을 잃게 되면 현실을 보게 됩니다. 부정적인 모습에 사로잡혀 스스로 포기할 수 있습니다.

당신의 꿈과 현실의 거리는 얼마나 되나요? 그 거리를 좁히기 위해 오늘 하루 어떤 노력의 대가를 지불했나요? 긍정적인 생각으로 나아갔나요?

오늘을 어떻게 사느냐가 꿈과 현실의 거리를 단축시켜줍니다. 그러니 하루를 채우는 삶의 밀도를 높여야 합니다.

꿈의 세계에서 사는 사람들이 있다.
현실을 직시하는 사람들이 있다.
그리고 꿈을 현실로 바꾸는 사람들이 있다.

- 더글러스 에브렛 -

Menu 5

## 보통의 날들, 차 한 잔의 여유

살면서 좋은 것만을 취하며 살 수는 없습니다. 때로는 과감히 버려야 하고, 묵은 감정을 씻어내야 합니다. 그래야 자유롭게 원하는 삶을 살 수 있습니다. 흔들리는 것에 대한 두려움이 인생을 가로막지 못하도록 일상의 여유를 가져야 합니다.

# 피할 것이냐, 맞설 것이냐
## 스캇 펙

● 인생의 목적지를 알고 갈 때 우리는 가슴속에 희망을 품습니다. 원하는 목표가 곧 자신의 것이 된 양 들뜨기도 합니다. 어떤 어려움이 닥쳐도 헤쳐나갈 수 있겠다는 의지도 결연합니다. 그렇지만 인생이라는 긴 시간을 항해하다 보면 언제나 부푼 마음으로 살아갈 수 없다는 것을 알게 됩니다.

인생을 항해하는 것은 만만치 않습니다. 파도 하나 일렁이지 않고, 푸른 하늘 아래서 갈매기 떼가 나는 것처럼 여유롭지만은 않지요. 때로는 비바람을 동반한 거센 폭풍을 만나고, 산더미만 한 파도와 맞닥뜨릴 수도 있습니다. 한 치 앞을 내다볼 수도 없는 안개 속을 뚫고 가야 할 때도 옵니다. 그래서 어느 정도 인생을 산 사람들은 '삶은 고통의 연속이다'라고 말합니다.

"삶은 고해苦海이다. 이것은 위대한 진리다. 다시 말하자면, 이 세상에서 가장 위대한 진리 중의 하나이다. 이것이 위대한 진리인 까닭은 진정으로 이 진리를 깨닫게 되면 그것을 뛰어넘을 수 있기 때문이다. 진정으로 삶이 힘들다는 것을 알게 되면, 즉 진정으로 그 사실을 이해하고 받아들이게 되면, 삶은 더 이상 힘들지 않게 된다."

모건 스캇 펙의 『아직도 가야 할 길』에 나온 말입니다. 어쩌면 멋진 인생을 기대하고 떠난 사람들에게는 실망스런 말일지도 모릅니다. 하지만 인생은 확실히 고해의 여정입니다.

그렇다면 이런 고해의 여정을 어떻게 통과해야 할까요?

스캇 펙은 심리 치료 현장에서 만난 사람의 사례를 바탕으로 건강하게 살아가는 방법을 분석해 글을 썼습니다. 방대한 저서에서 가장 먼저 다룬 이야기는 '삶은 문제와 고통의 연속'이라는 것입니다. 그 문제를 해결하는 첫 번째 방법은 '삶이 고해다'라는 사실을 받아들이는 것이라고 말했습니다. 그렇게 되면 더 이상 허둥지둥 헤매지 않을 수 있다는 겁니다. 또한 항해 중 만난 문제를 회피하지 말 것을 권유하며 이렇게 이야기했습니다.

"우리들 거의 대부분은 당면한 문제를 두려워하면서 피하려 든다. 문제를 질질 끌면서 그것이 저절로 사라지기를 바란다. 문제를 무시하고 잊어버리고 문제가 없는 것처럼 행동한다. 심지어는 문제를 잊기 위한 보조적인 수단으로 약을 복용하여 결국에는 고통스러울 정도로 자신을 마비시킴으로써 고통을 안겨준 문제를 잊기도 한다. 우리는 문제와 정면으로 부딪치기보다는 주변에서 맴돌려고 한다. 문제 안에서 괴로

위하기보다는 문제 밖으로 빠져나오고 싶어 한다."

  스캇 펙은 고통의 문제를 만났을 때 피하지 말라고 말합니다. 문제를 피하려다 보면 술이나 담배, 약물과 도박에 빠져 더 큰 고통 속으로 빠져들 수 있다는 겁니다. 저 멀리 몰려오는 인생의 먹구름만 보아도 두려움 때문에 앞으로 나아갈 수 없습니다. 하지만 문제를 정면으로 돌파했을 때 비로소 이겨낼 수 있게 됩니다. 정면으로 돌파하면 상처를 입게 되고 말할 수 없는 고통이 밀려오기도 합니다. 때로는 다시 일어설 수 없을 정도의 치명적인 부상을 당할 수도 있습니다. 그래도 우리에게는 문제를 회피하기보다 맞서는 용기가 필요합니다.

  안도현의 『연어』에 보면 상류에 알을 낳기 위해 강을 거슬러 올라가는 연어들의 이야기가 나옵니다. 연어들이 폭포를 만났을 때 어떤 태도를 갖고 있느냐에 주목할 필요가 있습니다. 한 부류는 폭포를 거슬러 오르다 부상당하느니 인간이 만들어놓은 쉬운 길을 택하자는 쪽이며, 다른 한쪽은 주둥이가 찢어지는 고통이 주어진다 하더라도 폭포를 거슬러 올라가야 한다고 맞섭니다. 폭포를 회피하고 쉬운 길로 가면 별 어려움 없이 상류에 도달할 수 있습니다. 하지만 문제는 배 속에 들어 있는 알들에게 폭포를 거슬러 올라가는 지혜를 전달해줄 수 없다는 것입니다. 알들이 부화해 훗날 폭포를 만났을 때 인간들이 만들어놓은 길을 없애면 폭포를 거슬러 올라갈 수 없게 됩니다. 당장은 어려움을 회피할 수 있지만 근본적인 문제는 해결할 수 없습니다.

  반면 폭포를 거슬러 올라가면 많은 희생이 뒤따르고 상처를 얻게 되지만 배 속 알들에게는 폭포를 거슬러 오르는 능력을 생생하게 가르쳐

줄 수 있습니다. 연어의 목적이 상류에 알을 낳으러 가는 것이므로 그들은 어렵고 힘들더라도 폭포를 거슬러 오르는 것입니다.

 인생 항해의 길도 다르지 않습니다. 문제가 거대해보이고 힘들지라도 회피하지 말았으면 합니다. 그 길을 극복했을 때 우리는 조금 더 단단해질 수 있고, 다음에 만나는 인생의 험한 파도도 넘어설 수 있기 때문입니다.

담대하라.
그리하면 어떤 큰 힘이
당신을 도와주려 할 것이다.

- 베이실 킹 -

## 눈물로 '뇌'를 리셋하자

모즐리

● 눈물 흘리는 것을 부끄럽게 생각하는 사람들이 의외로 많습니다. 특히 남자들이 그렇습니다. 남자는 태어난 후 세 번만 울어야 한다는 이야기를 하며 어려서부터 강하게 자랄 것을 강요받습니다. 눈물을 흘리면 남자다움이 부족한 사람처럼 생각합니다. 그러다 보니 눈물 흘리는 것을 꺼리게 됩니다. 자신도 모르게 눈물이 흐르면 괜히 멋쩍어하며 눈에 티가 들어가서 그렇다느니, 눈이 건조해서 눈물이 흐른 것이라고 변명 아닌 변명을 합니다.

남성의 수명이 여성보다 짧은 이유가 감정 표현이 적고 여성만큼 자주 울지 않기 때문이라는 설도 있습니다. 감정을 억압하는 우리 사회가 평균 수명까지 영향을 끼치고 있습니다.

많은 이들이 바늘로 찔러도 눈물 한 방울 흘리지 않을 것처럼 강한 척하지만 그 이면에는 나약한 면이 숨어 있습니다. 그런 그들의 인생을 살펴보면 마음이 메말라 있다는 것을 알 수 있습니다. 감정을 솔직하고 자유롭게 표출할 수 없으니 인생이 팍팍해진 것입니다.

눈물은 다양한 감정의 표현입니다. 기쁠 때, 슬플 때, 절망스러울 때, 감격스러울 때 우리는 눈물을 흘립니다. 가슴이 진동하면서 흐르는 눈물은 자기 자신은 물론 주위까지도 그 분위기에 취하게 만듭니다. 힘든 고비를 지나 얻게 되는 승리의 눈물, 더 이상 함께할 수 없음에 흐느끼는 슬픔의 눈물은 우리를 그 상황에 푹 젖어들게 만듭니다. 눈물을 흘리지 않거나, 분노의 감정을 표출하지 않으면 가슴속 어딘가에 남아 일상을 망치기도 합니다. 감정도 때에 맞게 받아들이고 흘려보내야 하는 것입니다. 그런 의미에서 눈물을 흘리는 것만으로도 치유가 되고 힘이 됩니다.

1997년 영국 다이애나 왕세자빈이 교통사고로 세상을 떠났을 때 그녀를 사랑한 영국 국민은 비탄에 빠져 눈물을 흘렸습니다. 많은 국민들이 눈물을 흘리며 그녀의 죽음을 애도했지요. 그 일이 있은 후 이상하게도 영국 정신병원에 우울증 환자가 절반으로 줄었다는 통계가 나왔습니다. 국민들이 실컷 눈물을 흘리면서 카타르시스를 느꼈기 때문이라고 정신과 의사들은 분석했습니다. 그 후로 눈물의 치유 효과를 '다이애나 효과'라고 부릅니다.

일본 도호대학교 아리타 히데오 교수는 눈물의 효과를 연구했습니다. 그는 목 놓아 우는 것은 뇌를 한 번 '리셋'하는 효과가 있다며 눈물의 중요성을 강조했습니다.

『어린 왕자』의 저자 생텍쥐페리는 "슬픔을 느끼는 것이야말로 살아 있다는 증거이고, 남을 위해 흘리는 눈물은 모든 사람들의 가슴속에 숨어 있는 보석이다."라고 했습니다. 영국의 물리학자 헨리 귄 제프리스 모즐리도 "눈물로 씻겨지지 않은 슬픔은 몸을 울게 만든다."고 했습니다. 눈물을 흘리지 않으면 건강을 해친다는 말입니다.

울어야 할 때는 울어야 합니다. 더 이상 꾹꾹 참으며 강한 척하지 마십시오. 나약해서 우는 것이 아니라 눈물은 자신을 살리고 삶을 변화시키는 촉매제이기 때문입니다. 울기 시작한 순간, 마음에 있는 아픈 상처가 치유되고 자신의 삶의 발목을 붙잡고 있던 괴로움은 후련하게 떠나갑니다. 그득그득하게 쌓였던 스트레스도 눈물로 눈 녹듯 녹아내릴 수 있습니다. 에리히 프롬은 "당신은 당신 자신만이 치유할 수 있다."고 했습니다. 그 치유제가 바로 눈물입니다.

열 마디 말보다 한 방울의 눈물이 더 진실될 수 있습니다. 진실한 마음에서 시작된 눈물은 고통에서 신음하는 이들에게 위로의 선물이 됩니다. 고통과 절망에 빠져 눈물이 멈추지 않는다면 애써 참지 말았으면 합니다. 그 눈물이 치유의 시작이 될 것이기 때문입니다.

눈물이 흐르도록 내버려두십시오.
또한 눈물이 멈추도록 내버려두십시오.
가슴속 가장 깊은 곳에 있는 비통함까지 다 끌어올리도록.
이 비통함의 끝이 보이도록 그냥 내버려두십시오.

- 세네카 -

## 잃어버린 고독
### 지그문트 바우만

● 혼자만의 시간을 갖기 힘든 시대를 살아가고 있습니다. 온갖 최첨단 기계와 대중매체는 홀로 고요하게 시간을 맞이하도록 허락하지 않습니다. 끊임없이 뭔가를 검색하게 하고, 누군가와 연락을 주고받도록 합니다. 볼거리가 넘쳐나 검색하고 보는 것만으로도 24시간이 모자랄 정도입니다. 사랑하는 가족이나 연인과 함께 있을 때도 스마트 폰을 만지작거리며 시간을 보냅니다. 누군가와 함께 있는 상황이 더욱더 삭막해지고 눈을 마주 보고 대화하는 것조차 어렵습니다.

어쩌면 우리는 혼자만의 시간을 두려워하는지도 모릅니다. 다른 사람들로부터 고립돼 있다고 생각되기 때문입니다. 혼자만의 시간이 있으면 불안감에 휩싸여 빠져나오려고 안간힘을 씁니다. 자기 존재감을 확인하기 위해 수도 없이 스마트 폰을 확인합니다. 여기저기 댓글을 달고 문자를 보내는 것은 어쩌면 혼자가 아니란 것을 증명하기 위한 행동일 수도 있습니다.

혼자만의 시간을 가져본 적이 언제인가요? 자기 인생에 대해 진지하게 고민하면서 홀로 있어본 적이 얼마나 됩니까? 앞으로 살아갈 인생, 내가 하고 싶은 일들, 삶의 희망을 부여잡기 위해 필요한 것들에 대해 혼자만의 농밀한 시간을 가져본 적이 있었나요? 혼자만의 시간을 갖지 못하면 진정한 자기 자신에 대해 알 수 없습니다. 어쩌다 인생의 폭풍우가 몰아치면 앞으로 살아갈 의미와 동력을 쉽게 잃고 맙니다. 그래서 인생의 의미를 캐묻고 답을 찾는 사상가들은 혼자만의 시간을 가져야 한다고 조언합니다.

라이너 마리아 릴케는 『젊은 시인에게 보내는 편지』에 이런 메시지를 담았습니다.

"당신의 모든 성장과 발전을 조용하고도 진지하게 이어나가라는 것입니다. 당신이 자꾸만 바깥 세계만을 쳐다보고, 당신의 가장 조용한 시간에 당신의 은밀한 감정을 통해서나 답해질 수 있는 성질의 질문들에 대해 외부로부터 답을 얻으려 할 때처럼 당신의 발전에 심각한 해가 되는 것도 없습니다."

"사랑은 오랫동안 인생 속으로 깊이 몰입하는 고독입니다. (…) 사랑은 개인이 성숙하기 위한, 자기 안에서 무엇이 되기 위한, 하나의 세계가 되기 위한, 즉 상대방을 위해 자체로서 하나의 세계가 되기 위한 숭고한 동기입니다."

릴케는 성장하고 발전하려면 고독의 시간을 가지라고 말합니다. 그 속에서 인생의 의미를 찾을 수 있고 인생의 지혜를 발견할 수 있다고요.

헨리 데이비드 소로는 자신의 저서 『고독의 즐거움』에서 고독을 예찬합니다.

"고독은 가장 가까운 친구, 그런데 왜 우리는 고독을 싫어할까? 자, 이제 나의 소중한 친구에게 손을 내밀어보자."

"가능한 한 혼자 지내는 것이 유익하다. 사람과 같이 있노라면 설령 그가 몹시 훌륭한 사람이라 하더라도 금세 지겨워지므로 시간 낭비다. 나는 혼자가 좋다. 고독만큼 마음 맞는 친구를 만나본 적이 없다. 우리는 방 안에 혼자 있는 것보다 바깥에서 사람 속에 있을 때 더욱 고독을 느낀다. 어디에 있건 생각을 하거나 일을 할 때는 늘 혼자다."

사람은 결국 혼자만의 시간을 갖게 된다는 것입니다. 그는 하루에 한 번은 세상에서 가장 아름답고 사치스러운 고독의 시간을 갖는다고 말합니다. 자신이 살아가고 있는 의미와 가치를 깨닫기 위해서라고 말이지요.

유럽의 대표적인 사회학자 지그문트 바우만도 『고독을 잃어버린 시간』에서 이렇게 말했습니다.

"결국 외로움으로부터 멀리 도망쳐나가는 바로 그 길 위에서 당신은 고독을 누릴 수 있는 기회를 놓쳐버린다. 놓친 그 고독은 바로 사람들로 하여금 '생각을 집중하게 해서' 신중하게 하고 반성하게 하며 창조할 수 있게 하고 더 나아가 최종적으로는 인간끼리의 의사소통에 의미와 기반을 마련할 수 있는 숭고한 조건이기도 하다."

자기만의 농밀한 시간을 가질 수 있어야 인간관계와 더불어 창조적인 인생을 살아갈 수 있습니다. 고독의 시간을 갖는 사람이 진정한 성공에 이를 수 있고 삶의 깊이도 추구할 수 있습니다. 인생의 험난한 파도가 밀려와도 헤쳐나갈 지혜를 얻을 수 있습니다. 그러니 기꺼이 고독의 시간으로 들어가야 합니다. 그 시간의 넓이와 길이만큼 인생의 깊이와 의미도 발견할 수 있기 때문입니다. 더불어 희망도 발견할 수 있습니다.

외로움은 자신에 대한 사랑이 가난한 상태이고
즐거운 고독은 자신에 대한 사랑이 가득한 상태이다.

- 메이 샬톤 -

## 나에게 묻고 대답한다
### 칸트

● 세월이 유수流水 같다고 합니다. 엊그제 인생의 경주를 시작한 듯한데 어느새 결승점 가까이에 다다르고 있음을 느낍니다. 결승점에 가까이 왔다는 것을 스스로 인지하는 사람이 있는가 하면 자신도 모르는 사이에 어느새 결승점에 다다랐다는 것을 깨닫는 사람도 있습니다. 사람마다 결승점의 시점도 다릅니다. 인생의 가을이 빨리 오는 사람도 있고, 아주 천천히 다가오는 사람도 있습니다. 계절의 변화처럼 시간이 흘렀다고 해서 인생의 가을을 맞이하는 것은 아닙니다. 그렇지만 모든 사람의 인생에는 결실의 시간이 있다는 것을 기억해야 합니다.

결승점에 다다르고 있다는 것은 자신이 맺어놓은 열매를 어느 정도 파악할 수 있다는 의미이기도 합니다. 그 열매가 탐스러울 수도, 그렇지 않을 수도 있습니다. 그럴 때 우리는 어떤 태도를 취하며 결승점을 맞이해야 할까요?

  살다 보면 인생의 아침에 계획한 일들이 뜻대로 이뤄지지 않는다는 것을 깨닫게 됩니다. 거대한 바위를 만나 물길이 바뀌기도 하고, 급류를 만나 자신도 모르게 휩쓸리기도 합니다. 폭우로 원치 않는 물길에 합류되기도 합니다. 시작할 때는 옳다고 여겼던 가치들이 물길 따라 흐르다 보면 꼭 그렇지만은 않구나 하는 깨달음도 얻게 됩니다. 그러기에 인생의 가을에 다다를 때면 어떤 인생을 살아가야 할지 점검이 필요합니다. 결실의 계절을 맞이하는 시점에 꼭 함께 나누었으면 하는 시가 있습니다. 바로 윤동주의 '내 인생에 가을이 오면'입니다.

 내 인생에 가을이 오면

                    윤동주

내 인생에 가을이 오면
나는 나에게 물어볼 이야기들이 있습니다.

내 인생에 가을이 오면
나는 나에게 사람들을 사랑했느냐고 물을 것입니다.
그때 나는 가벼운 마음으로 말할 수 있도록
나는 지금 많은 사람들을 사랑하겠습니다.

내 인생에 가을이 오면

나는 나에게 열심히 살았느냐고 물을 것입니다.

그때 나에게 자신 있게 말할 수 있도록

나는 지금 맞이하고 있는 하루하루를 최선을 다하여 살겠습니다.


내 인생에 가을이 오면

나는 나에게 사람들에게 상처 주는 일이 없었느냐고 물을 것입니다.

그때 자신 있게 말할 수 있도록

사람들에게 상처 주는 말과 행동을 하지 말아야겠습니다.


내 인생에 가을이 오면

나는 나에게 삶이 아름다웠느냐고 물을 것입니다.

그때 기쁘게 대답할 수 있도록

내 삶의 날들을 기쁨으로 아름답게 가꾸어 가야겠습니다.


내 인생에 가을이 오면

나는 나에게 어떤 열매를 얼마만큼 맺었느냐고 물을 것입니다.

그때 나는 자랑스럽게 대답하기 위해

내 마음 밭에 좋은 생각의 씨를 뿌려

좋은 말과 좋은 행동의 열매를 부지런히 키워야 하겠습니다.


시인 윤동주는 스물일곱이라는 젊은 나이에 생을 마감했습니다. 시인의 통찰력 있는 시선이 젊은 나이에도 불구하고 인생의 지혜를 가르쳐주고 있습니다. 우리도 스스로에게 현명한 질문을 던지고 그 답을 찾기 위한 노력이 필요합니다.

현명한 질문을 하려면 인생에 대한 진지한 의문이 있어야 합니다. 어떤 삶을 살아갈 것인지에 대한 성찰도 뒷받침되어야 합니다. 그래야 풍성한 결실을 맺을 수 있습니다.

일찍이 철학자들도 질문으로 세상의 진보와 삶을 이끌었습니다. 대표적인 인물이 임마누엘 칸트입니다. 칸트는 크게 세 가지 질문을 던지고 세상의 본질과 탐구영역을 정했습니다.

"첫째, 나는 무엇을 알 수 있을까?

둘째, 나는 무엇을 해야만 하는가?

셋째, 내가 바랄 수 있는 것은 무엇인가?"

언뜻 보면 간단하지만, 결코 간단치 않은 질문입니다. 이 질문으로 칸트는 학문의 진보를 이루어갈 수 있었습니다.

칸트와 같은 철학적인 질문이 아니더라도 자기 인생을 점검할 수 있는 질문이 필요합니다. 윤동주가 스스로에게 질문을 던지고 답을 찾았던 것을 우리도 똑같이 해보면 어떨까요? 윤동주가 자신에게 했던 질문을 정리해보겠습니다.

"사람들을 사랑했습니까?

열심히 살았습니까?

사람들에게 상처 주는 일은 없었습니까?

삶이 아름다웠습니까?

어떤 열매를 얼마만큼 맺었습니까?"

앞의 질문에 답을 한번 해보면 좋을 것 같습니다. 이 질문에 현명한 답을 내놓을 수 있도록 살아가는 것이 인생의 가을에 생각해보아야 할 지혜입니다.

인생의 아침 프로그램에 따라 인생의 오후를 살 수는 없다.
아침에 위대했던 것들이 오후에는 보잘 것 없어지고,
아침에 진리였던 것이 오후에는 거짓이 될 수 있기 때문이다.

- 칼 융 -

## 버리고 채우기

### 플라톤

● 버리고 비우는 일은 쉽지 않습니다. 살면서 흘리는 피와 땀은 더 많이 소유하고 부족한 부분을 채워 넣기 위한 노력입니다. 그래야 행복한 삶을 살 수 있다고 여기기 때문입니다. 하지만 진정한 행복은 가득 채우는 것이 아니라고 플라톤은 말합니다. 그가 말한 행복의 다섯 가지 조건을 살펴보면 알 수 있습니다.

"재산은 먹고살기에 조금 부족할 것,
외모는 모든 사람이 칭찬하기에 약간 떨어질 것,
명예는 자신의 생각보다 절반밖에 인정받지 못할 것,
체력은 남과 겨루었을 때 한 사람에게는 이기되 두 사람에게는 질 것,
말솜씨는 연설을 할 때 청중의 절반 정도가 박수를 치는 정도일 것."

언뜻 봐서는 이해가 안 되는 부분이 많습니다. 재산, 외모, 명예, 체력,

언변이 조금 부족해야 행복할 수 있다고 하니 말입니다. 그런데 조금만 다르게 생각해보면 고개가 끄덕여집니다. 사람의 욕망은 한계가 없습니다. 모든 것이 채워지면 만족할 것 같지만 그렇지 않습니다. 버리고 비우지 않으면 새것이 들어설 수 없습니다. 삶의 본질과 자신의 존재 이유도 발견하기 힘듭니다. 집 안에 멋진 가구만 잔뜩 들여놓는다고 능사는 아닙니다. 멋진 새 가구를 들여놓으려면 낡은 가구를 먼저 버려야 합니다. 공간이 없는 상태에서 명품 가구를 들여놓아봐야 오히려 어지럽기만 합니다.

바람직하지 못한 욕망은 버리고 선한 가치로 채워 넣어야 합니다. 욕심 가득한 마음에는 새로운 가치가 들어설 자리가 없습니다. 내 마음에 빈자리가 있어야 누군가의 조언도 들을 수 있고 소중한 사람에게 자리도 내어줄 수 있습니다. 마음에 빈 공간이 없으면 넉넉하고 여유로운 삶을 누리지 못합니다.

알프레드 테니슨의 '참나무'라는 시가 있습니다. 시인은 사계절을 겪는 참나무를 통해 인생의 길을 보여줍니다.

### 참나무

알프레드 테니슨

젊거나 늙거나

저기 저 참나무같이 네 삶을 살아라.

봄에는 싱싱한 황금빛으로 빛나며

여름에는 무성하고 그리고, 그러고 나서

가을이 오면 다시 더욱더 맑은 황금빛이 되고

마침내 잎사귀 모두 떨어지면

보라, 줄기와 가지로 나목 되어 선

저 발가벗은 힘을.


잘나갈 때는 미처 보지 못했던 것들이 버리고 비웠을 때 보일 수 있습니다. 숲이 무성할 때는 보이지 않았던 인생의 길들은 잎이 떨어지고 나서야 보입니다. 세상과 나 사이에 가려졌던 길도 잎이 지고 난 뒤에야 보입니다.

그렇다면 이제 나는 무엇을 비우고 채워야 할지 생각해보는 시간을 가졌으면 합니다.

버리고 비우는 일은 결코 소극적인 삶이 아니라 지혜로운 삶의 선택이다.
버리고 비우지 않고는 새것이 들어설 수 없다.
공간이나 여백은 그저 비어 있는 것이 아니라
그 공간과 여백이 본질과 실상을 떠받쳐주고 있다.

- 법정 -

# 인생의 가장 위험한 순간
### 노자

● '등산'은 말 그대로 산을 오르는 것입니다. 완만한 길에서부터 시작해 점점 경사가 있는 길을 올라야 합니다. 가파른 오르막길을 만나면 숨이 턱 밑까지 차오릅니다. 터질 것 같은 심장을 조절하며 움직이지 않는 다리를 부여잡고 비탈길을 정복해야 비로소 정상에 다다릅니다. 오르막길을 잘 준비하고 올라야 원하는 목적지에 도달할 수 있습니다.

그런데 등산에서 정말 중요한 것은 내리막길입니다. 산행 사고는 대부분 내리막길에서 생깁니다. 마음을 놓고 내려오다 미끄러져 낙상을 하거나 부상을 입기 때문입니다.

우리 인생도 비슷합니다. 고생스럽게 목표지점에 도착해도 순간 방심하면 애써 쌓아놓고 거둔 인생의 열매가 무용지물이 될 수 있기 때문입니다.

『성경』에 '선 줄로 생각하는 자는 넘어질까 조심하라'는 말이 나옵니다. 자기 스스로 뭔가를 성취했다고 생각할 때가 가장 위험한 순간이라는 의미입니다. 성을 쌓기는 힘들지만 무너지는 것은 한순간입니다. 성공의 자리로 올라서는 것은 어렵지만 나락으로 떨어지는 것은 순식간입니다.

일찍이 노자도 『도덕경』을 통해 이런 삶을 경계했습니다.

"넘치도록 가득 채우는 것보다 적당할 때 멈추는 것이 좋습니다. 너무 날카롭게 벼리고 갈면 쉬 무디어집니다. 금과 옥이 집에 가득하면 이를 지킬 수 없습니다. 재산과 명예로 자고해짐은 재앙을 자초함입니다."

자신이 이룬 성과물을 보고 스스로 높은 체하거나 높다고 여기면 재앙을 자초한다는 의미입니다. 우리 사회에 어느 정도 성공을 이룬 사람들의 삶을 보면 알 수 있습니다. 어느 정도 살 만하면 잘못된 쾌락에 빠지거나 언행의 실수로 치명타를 입습니다. 그러기에 교만하지 말아야 하고 한발 물러설 줄 아는 지혜가 필요합니다.

청나라의 서화가 정섭은 마흔네 살 때 과거에 급제해 관직을 얻었습니다. 하지만 청렴했던 그는 혼탁한 관부에 미움을 사 낙향하게 됩니다. 그가 쓴 글 중에 '난득호도難得糊塗'란 현판이 있습니다. 어수룩하거나 바보처럼 굴기가 어렵다는 의미입니다. 그 현판 글 밑에 주석처럼 달린 글귀가 있습니다.

"똑똑해 보이는 것도 어렵지만 바보처럼 보이기도 어려운 일이다. 총명하면서 바보처럼 보이기는 더욱 어렵다. 총명함을 내려놓고 한발 뒤로 물러나라. 하는 일마다 마음이 편할 것이다. 의도하지 않아도 나중에 복이 올 것이다."

『도덕경』에서 재산과 명예로 교만해지면 재앙을 자초한다고 한 것과 의미와 통하는 말입니다. 사람들은 자신의 잘남을 내세우고 싶어 합니다. 손해 보는 것도 싫어합니다. 조금이라도 더 가지려고 안달입니다. 그러다 한꺼번에 모든 것을 잃게 됩니다.

『논어』에 나오는 공자의 말씀을 들어 볼까요.

"공자께서는 네 가지가 없었으니 제멋대로 생각해 지레짐작함이 없고 기어이 자기주장을 관철시키려는 태도가 없으며 무리하게 고집부리는 일도 없었고 자신만을 내세우려는 일도 없었다."

공자는 자기주장을 밀어붙이지 않았을 뿐더러 억측도 부리지 않았습니다. 하루아침에 나라가 망하는 현실에서 여러 나라를 전전하며 얻은 지혜입니다. 공자는 한발 물러서 겸손한 자세로 나아가는 삶을 선택한 것입니다.

내 삶에서 스스로 섰다고 생각할 때가 가장 위험한 순간이 될 수 있습니다. 뭔가를 성취했다고 생각했을 때 교만해지기 쉽습니다. 자기 생각만 옳다고 주장하면 다른 사람의 의견을 무시할 수 있고 마음에 상처를 안겨줄 수 있습니다. 사람의 마음을 잃으면 모든 것을 잃습니다. 그러니 스스로 섰다고 생각할 때를 조심하는 것이 중요합니다. 이제는 산 정상에 섰으니 마음 놓고 내려가야지 하다 다치게 되는 이치와 같습니다.

인생의 지혜는 스스로 섰다고 생각할 때 겸손하며 물러서야 할 때를 간파하고 내려갈 줄 아는 데 있습니다.

인생에는 목표를 향해 힘차게 나아가는 의지력이 필요한 반면,
이미 지나간 길에 대한 체념이 필요하다.
나아갈 때 나아가고 물러설 때 물러설 줄 아는 것이
인생의 가장 행복한 지혜다.

- 버트런드 아서 윌리엄 러셀 -

## 중년은 또 다른 시작

### 데이비드 베인브리지

● 대부분의 사람들은 청소년 시절 사춘기를 겪습니다. 알 수 없는 감정에 휩싸여 왜 화가 나는지도 모르게 화가 나고, 왜 슬픈지도 모르고 슬퍼하는 시기를 보냅니다. 저 또한 그랬습니다. 심한 감정 기복과 행동의 변화는 부모님과의 갈등을 불러왔고 상황은 더 나빠지기 일쑤였습니다. 그때는 세상의 어른들이 모두 적이라는 생각도 들었습니다. 노래 한 소절에 눈물이 나고, 살고 죽는 것에 대해 처음으로 깊이 고민하기도 했습니다. 뚜렷한 답은 찾지도 못한 채 마음 앓이만으로 시간을 보낸 것이죠.

그런데 인생을 살다 보면 그 시절의 일을 다시 겪게 됩니다. 40대, 50대가 되면 심리적 불안감으로 사춘기와 같은 불안이 찾아오는데 이것을 갱년기, 중년의 위기라 부릅니다. 또 '제2의 사춘기'로 알 수 없는 감정에 휩싸여 자신과 주위 사람들을 괴롭게 합니다.

사람마다 그 원인이 다르지만 대표적인 이유는 상실감에서 시작됩니다. 어느 날 문득 거울 속에 비친 얼굴에서 주름을 보게 됩니다. 더 이상 예전의 활력과 건강이 지속되지 않는다는 사실에 슬퍼합니다. 마음은 아직도 청춘인데 몸은 마음과 같지 않음을 느낍니다. 조금씩 삐거덕거리며 고장 나는 몸은 삶의 의지를 꺾어놓습니다. 호르몬의 역전 현상 때문에 자신의 사고와 감정도 다스리기 힘들어집니다. 아이들은 장성해서 부모 곁을 떠나고 그때 찾아오는 상실감은 인생의 의미를 되짚어 보게 합니다. 주변 사람들이나 친구들도 서서히 곁을 떠나기 시작합니다. 평생을 함께할 것만 같았던 친구들의 죽음을 보면서 남의 일 같지 않다는 생각을 하게 됩니다. 그러면서 인생을 마감해야 하는 시기가 다가옴을 느끼고 죽음에 대한 불안이 커지면서 스트레스를 받게 됩니다.

이때 '나는 누구인가, 지금까지 무엇을 위해 살아왔지, 나는 앞으로 어디로 가야 하지, 인생이란 무엇인가'와 같은 질문을 끊임없이 던지며 자기 존재에 대한 의미를 찾으려 애씁니다. 이런 질문에 명확한 답을 찾지 못하면 망망대해에서 길을 잃은 것 같은 느낌을 받습니다. 살아가는 의미가 사라진 것 같아 허탈해지고 상황이 심각해지면 우울증으로까지 번지기도 합니다. 희망은 사라진 지 오래고 삶은 더없이 무기력할 뿐입니다. 여기서 더 심해지면 극단적인 일탈행동을 보이거나 스스로 인생을 포기하는 일까지 발생합니다.

이럴 때 과거를 떠올려보면 도움이 됩니다. 여러분은 사춘기를 어떻게 극복하셨습니까? 부모님이나 어른들을 이해할 수는 없었지만 나를 이해해주는 친구들이 있었습니까? 무조건 믿고 기다려준 부모님이 계셨나요? 그 시절을 견디게 해준 것이 무엇입니까? 이렇게 시간의 태엽을 돌려 사춘기 시절로 돌아가 그 시절을 어떻게 견뎠는지 생각해보면 '제2의 사춘기'를 극복할 방법도 찾을 수 있을 겁니다.

다시 찾아오는 사춘기를 극복하려면 세월의 흐름을 인정할 필요가 있습니다. 상실의 아픔을 허용하는 것입니다. 나이가 들면 당연히 젊음이 상실된다는 사실을 인정하고 받아들이는 자세가 필요합니다. 가을이 오면 나뭇잎이 떨어지는 것처럼 우리의 인생의 가을도 그렇게 다가온다는 사실을 받아들이는 것입니다.

중년의 위기를 슬기롭게 극복하려면 과학적인 이론으로 중년을 연구한 데이비드 베인브리지의 말에도 귀 기울여볼 필요가 있습니다. 그는 저서 『중년의 발견』에서 중년의 특성을 이렇게 말했습니다.

"중년은 사실상 사회적, 경제적 힘이 대부분 최고가 되는 시기인데도, 중년인들은 미래에 자기 삶에 대한 통제력을 잃게 될 것을 더 걱정하는 경향이 있다. (…) 좋은 일이 일어날 가능성을 높이기보다는 나쁜 일이 일어나는 것을 막으려 애쓰는 성향이 강해진다. 다양한 연구 결과들에 의하면 중년의 사람들은 자신의 정체성에 더 확신을 갖게 되고, 더 성실해지며, 더 '쾌활하게' 굴고, 더 열성적으로 여러 활동에 참여하려 들며, 젊은이들을 더 열심히 돕고자 한다."

그러면서 "중년은 즐거운 일을 할 시간과 지혜가 있으니 최대한 이용하라."고 전합니다. 더 이상 위축되지 말고 그 특성을 활용해 담대하게 나아가라는 뜻입니다.

　데이비드 베인브리지의 말대로 지금까지 살아온 삶의 지혜로 남은 인생의 목적과 비전을 새롭게 정립하는 것도 좋겠습니다. 내가 가고자 하는 최종 목적지는 어디며, 어떤 과정으로 그곳에 도달해야 하는지 살피는 것입니다. 그것을 이루기 위한 구체적인 계획을 세우고 하나씩 이루어가다 보면 마음 앓이에서 해방될 수 있습니다. 나이는 숫자에 불과하다는 생각으로 적극적인 사고로 살아가는 것도 좋습니다.

　가장 중요한 것은 반드시 이 시기는 지나간다는 사실입니다. 사춘기가 그랬던 것처럼 사추기, 오춘기도 반드시 지나갑니다. 나는 위기가 없다고 스스로 강한 척, 부정하지 말았으면 좋겠습니다. 누구에게나 찾아오는 위기를 기회로 만들어 부푼 희망을 안고 사는 모두가 되었으면 합니다.

어린 시절 우리는 어른이 되면
더 이상 나약하지 않을 거라 생각했다.
하지만 어른이 된다는 것은 나약함을 받아들이는 것이다.
살아 있다는 것은 나약하다는 것이다.

- 매들렌 렝글 -

## 흔들릴 때, 시 한 편을 꺼낸다
릴케

● 힘들고 어려울 때 마음을 지탱해 줄 것이 있다는 건 참 든든한 일입니다. 좌우로 흔들릴 때 중심을 잡아주는 추가 있으면 불안하지 않은 이치와 같습니다. 그렇기 때문에 우리는 마음이 불안하고 흔들릴 때 위로와 안식을 줄 수 있는 무언가를 찾아 헤맵니다.

다양한 방법이 있겠지만 삶의 의미를 되찾고 나아갈 힘을 얻고 싶을 때는 시를 읽으면 좋습니다. 시는 인생을 노래하는 치유의 음악과 같기 때문입니다.

학창시절 예쁜 엽서에 한 자 한 자 정성스럽게 적은 시구들이 생각납니다. 얼어붙은 감수성을 일깨운 수많은 시로 힘겨웠던 시기를 견뎌내기도 했습니다. 친구에게 전하고 싶은 마음을 시로 대신해 보냈고, 시를 함께 읽으며 우정을 나누고 미래를 기약하기도 했습니다. 인생의 의미를 찾고 싶어 방황할 때 만났던 시는 삶의 정상적인 궤도로 돌아오게 해주었습니다.

라이너 마리아 릴케의 '인생'이라는 짧은 시를 읽어보면 이해가 될 것입니다.

### 인생

라이너 마리아 릴케

인생을 꼭 이해해야 할 필요는 없다.
인생은 축제와 같은 것.
하루하루를 일어나는 그대로 살아 나가라.
바람이 불 때 흩어지는 꽃잎을 줍는 아이들은
그 꽃잎들을 모아 둘 생각은 하지 않는다.
꽃잎을 줍는 순간을 즐기고
그 순간에 만족하면 그뿐.

인생을 어떤 자세로 살아가야 할지 힌트를 제시해주는 시입니다. 그래서인지 수많은 사상가나 철학자들은 시를 읽어야 한다고 강조합니다.

특히 공자는 시를 사랑하고 좋아했습니다. 3000여 편이 넘는 시들 중 가치가 있다고 생각한 시를 엮어 『시경』을 편찬할 정도로 시를 사랑했습니다. 제자들이 시를 배우지 않으면 대화를 나눌 수 없으니 시를 공부하라고 강조하며 『논어』 양화 편에 이렇게 말했습니다.

"애들아, 왜 시를 공부하지 않느냐? 시를 배우면 감흥을 불러일으킬 수 있고, 사물을 잘 볼 수 있으며, 사람들과 잘 어울릴 수 있고, 사리에 어긋나지 않게 원망할 수 있다. 가까이는 어버이를 섬기고, 멀리는 임금을 섬기며, 새와 짐승과 풀과 나무의 이름에 대해서도 많이 알게 된다."

시에는 우리가 살아가면서 배우고 알아야 할 모든 것들이 담겨 있습니다. 함축과 상징으로 그 의미를 숨기지만 조금만 헤아리면 그 의미를 파악할 수 있습니다. 시에는 우리의 인생, 사랑, 관계, 의미, 철학이 담겨 있습니다.

아리스토텔레스도 시의 위대함을 이렇게 이야기했습니다.

"역사가와 시인의 차이는 운문을 사용하느냐 산문을 사용하느냐가 아니다. 헤로도토스의 작품을 운문으로 고칠 수 있고, 운문으로 쓴 것도 산문으로 쓴 것만큼이나 역사가 될 수 있을 것이다. 그러나 둘은 다르다. 역사는 실제 사건들을 다루고, 시는 일어날 수 있는 일을 다룬다. 그러므로 시가 역사보다 철학적이고 고상한데, 시는 더 보편적인 것을 말하는 반면에 역사는 특정한 것을 말하기 때문이다."

시는 우리 인생에서 일어날 수 있는 일을 이야기하기에 중요하다는 의미입니다. 시를 읽으면 목표를 향해 갈 때 보이지 않았던 것들이 보입니다. 이는 곧 삶의 통찰을 의미합니다. 시를 읽고 공감한 사람들은 무턱대고 성공만을 좇지는 않을 것입니다. 이것이 바로 시의 힘입니다.

헤르만 헤세의 '내 젊음의 초상'도 인생 여정을 되돌아보며 한 번쯤 생각해볼 만한 이야기를 하고 있습니다.

## 내 젊음의 초상

헤르만 헤세

지금은 벌써 전설이 되어버린 먼 과거로부터
내 젊음의 초상이 나를 바라보며 묻는다.
지난날 태양의 밝음으로부터
무엇이 반짝이고 무엇이 불타고 있는가를.

그때 내 앞에 비추어진 길은
나에게 많은 번민의 밤과
커다란 변화를 가져왔다.
나는 그 길을 두 번 다시 걷고 싶지 않다.

하지만 나는 내 길을 성실하게 걸어왔고
그 추억은 보배로운 것이었다.
잘못도 실패도 많았지만
나는 절대 그것을 후회하지 않는다.

   자신이 선택한 길에 대해 후회하지 않겠다는 것입니다. 결과를 떠나 성실하게 인생을 살았기 때문입니다. 이렇게 삶을 지탱해줄 한 편의 시를 마음으로 만나면 더 이상 미래가 두렵지 않습니다. 살아갈 의미와 본질을 이해할 수 있기에 힘이 납니다. 그런 시 한 편쯤 가슴속에 품고 사는 것도 꽤 괜찮은 인생이 아닐까요?

시의 취지는 용기를 주는 것이다.
시는 착실한 독자가 의무적으로 풀어야 하는 수수께끼가 아니다.
시의 역할은 독자를 자극하는 것이다. 독자가 기운을 내고 집중하도록,
깨어나도록, 생기를 갖도록, 통제력을 갖도록 만드는 것이다.

- 개리슨 케일러 -

# 한 권의 책, 당신에겐 있나요

마키아벨리

● 요즘은 독서를 규칙적이고 습관적으로 하는 사람들이 별로 없습니다. 해마다 독서 인구가 줄고 책 판매량의 그래프도 눈에 띄게 하향곡선을 그립니다. 스마트 폰 사용이 일상화되면서 더 심각해졌습니다. 검색으로 필요한 정보를 얻기에 급급할 뿐 사유하고 사색하며 성찰하는 시간을 갖지 못합니다. 생각의 힘을 기르는 데 시간적인 여유도 집중할 마음도 없습니다. 그러기에 많은 사람들이 멀리, 깊게 보지 못하는 인생을 살아가고 있습니다.

많은 사람들에게 영향을 주는 이들을 보면 모두 독서가라는 사실을 알 수 있습니다. 어렸을 때부터 책을 가까이하며 상상력을 키우고 필요한 덕목을 스스로 깨우칩니다. 책에서 삶의 지혜를 얻고, 스스로 깨닫습니다. 그렇게 얻은 지혜로 본인의 인생을 이끌고 시대를 넘어서는 영향력으로 후세 사람들에게 빛을 비추는 등불 같은 존재가 되었습니다.

 또한 한 시대를 풍미하고 이끌어간 나라들은 대부분 독서교육에 집중했습니다. 그리스는 철학으로 정신세계를 구축했습니다. 그 뒤를 이은 로마도 귀족 중심으로 고전 교육에 앞장섰습니다. 대표적으로 신화에는 인간 존재의 본성과 삶에 대한 근원적인 질문과 답이 숨겨져 있습니다. 인간의 생각과 감정들을 신화에 담았습니다. 그런 사유의 힘이 나라를 이끌어가는 동력이 되었던 것입니다.

 해가 지지 않는 나라 영국의 독서교육은 세계적입니다. 프랑스에는 바칼로레아Baccalaureate라는 유명한 논술시험이 있습니다. 철학적인 질문이 주를 이루고, 인생에 대한 사유가 없으면 도저히 풀어낼 수 없을 정도로 깊이가 있습니다. 미국도 다르지 않습니다. 인문고전으로 가치를 확립하지 않으면 졸업이 불가능한 대학도 있으며, 4년 내내 전공 없이 인류사를 뒤흔드는 책을 읽고 사상의 토대를 세우는 학교도 있습니다. 그런 사람들이 지도층이 되고 나라를 이끌어갑니다. 경제만 대국이 아니라 정신과 문화까지 성숙된 시민으로 살도록 한 것입니다.

 공직에서 추방된 후 독서와 글쓰기를 하며 생을 보낸 니콜로 마키아벨리는 친구인 프란체스코 베토리에게 이런 편지를 보냈습니다.

 "저녁이 찾아오면 나는 집으로 돌아와 서재로 간다. 서재 문 앞에서 흙과 땀이 묻은 작업복을 벗고 궁정에 들어갈 때 입는 옷으로 갈아입는다. 이렇게 엄숙한 옷차림으로 고대인들이 모여 있는 궁정에 들어가면, 그들은 나를 반갑게 맞이한다. 그곳에서 나는 온전히 나만의 것이며 내가 태어난 이유인 음식을 맛본다. 고대 성현들에게 삶의 동기가 무엇이냐고 물으면, 그들은 친절하게 답해준다. 이렇게 서재에서 네 시간쯤 보내다 보면 세상사를 잊고, 짜증나는 일들도 모두 잊는다. 가난도 더 이상 무섭지 않고, 죽음에 대한 두려움으로 떨리던 마음도 편안해진다."

마키아벨리는 서재에서 고대 성현들이 써놓은 글을 읽으며 그들과 대화를 하고 세상사를 잊었습니다. 책을 통해 시대를 아우르는 사람들의 사상과 지혜를 배운 것입니다.

독서는 아무리 강조해도 지나침이 없습니다. 앞으로 살아갈 힘과 내공, 인생의 철학을 저장하려면 책을 읽어야 합니다. 저장된 내면의 힘이 없으면 인생의 겨울이 왔을 때 마음이 얼어붙습니다. 양식은 넘쳐나지만 그것을 먹고 살아갈 이유를 모르면 모든 게 허사입니다. 육체의 양식은 많이 저장해둘수록 좋습니다. 마음의 양식도 마찬가지입니다. 다양하고 많은 책을 읽고 사유함으로써 '나'라는 사람이 만들어지는 것입니다. 단 한 권의 책을 읽더라도 잠재돼 있던 감수성을 일깨우고 일생을 이끌어갈 수 있는 사상적 가치의 토대를 쌓을 수 있으면 됩니다. 양이 아니라 질이 중요합니다. 내 삶의 등대가 될 수 있는 한 권의 책이 우리에게 필요합니다.

좋은 책을 만났을 때에는 틀림이 없다.
그것은 사랑에 빠지는 것과 같다.

- 크리스토퍼 몰리 -

# 내 인생을 움직이는 글쓰기

브루크너

● 블로그, 페이스북, SNS 등 개인의 생각을 표현할 수 있는 공간이 많아졌습니다. 자신이 갖고 있는 재능을 발휘하기에 어렵지 않은 시대가 된 것입니다. 그런 시대적인 변화로 글을 쓰는 것이 누구나 할 수 있는 일로 여겨지고 있습니다. 일상생활의 감정이나 단상 들을 표현하면서 글쓰기가 점점 대중화된 것입니다.

내 생각과 감정을 글로 표현한다는 것은 사실 어려운 일입니다. 말로는 표현할 수 있겠는데 글로 표현하려고 하면 두렵기까지 합니다. 그래서인지 어려서부터 우리는 글쓰기 훈련을 지속적으로 해왔습니다. 그것은 글이 갖는 의미와 힘이 우리가 생각하는 것 이상으로 크기 때문입니다.

소설가 애니타 브루크너의 말을 들으면 이해가 될 것 같습니다.
"글쓰기를 시작할 때까지는 그것을 통해 무엇을 터득하게 될지 알 수 없다. 당신은 글쓰기를 통해 그런 것이 있는 줄도 알지 못했던 진실들을 알아차리게 된다."

글을 쓰기 전에는 알 수 없던 것들이 쓰고 나서야 알 수 있다는 의미입니다. 쓰기 전에는 두려워서 도망치고 싶지만 막상 글을 쓰면 그 의미와 효과가 실로 어마어마하다는 것을 알 수 있습니다. 그래서 글쓰기의 참맛을 본 사람은 다른 사람에게 글을 써보라고 권유합니다. 하지만 그 맛을 보지 못한 사람은 여전히 미지의 세계로 여행을 떠나는 사람처럼 글 쓰는 일을 두려워합니다.

자기가 고민하는 흔적들을 살피고 글로 옮기다 보면 놀라운 일이 생깁니다. 바로 치유의 효과입니다. 여성학을 전공한 박미라 기자는 글쓰기로 치유 프로그램을 운영하고 있습니다. 그녀는 『치유하는 글쓰기』에서 글쓰기가 내면의 아픔을 치유하는 데 큰 효과가 있다고 설명합니다.

"글쓰기는 참 탁월한 도구다. 단 한 문장으로도, 서툰 글솜씨로도, 아무렇게나 끼적인 낙서로도 치유의 효과가 나타나기 때문이다. 마음 치유의 방법은 아주 다양한데, 글쓰기 안에 그 모든 게 들어 있다."

박미라는 상처 치유와 더불어 성숙한 삶으로 전환하는 지름길을 글쓰기에서 찾았습니다. 미국 텍사스대학교 심리학과 제임스 페니베이커 박사는 글쓰기가 치유에 어떻게 도움이 되는지 연구결과를 발표했습니다. 그 논문 내용이 셰퍼드 코미나스의 『치유의 글쓰기』에 이렇게 나와 있습니다.

"그는 80년대 후반 강간 피해 여성들을 대상으로 글쓰기가 정신 건강에 어떤 영향력을 미치는지 조사했다. (…) 페니베이커 박사가 만난 강간 피해 여성들은 분노와 상실감을 표출할 출구를 찾지 못해 절망의 늪에 깊이 빠져 있었는데, 글쓰기를 통해 구원의 밧줄을 잡을 수 있었다고 고백했다. 노트에 깨알같이 쏟아낸 단어들이 눈물로 흠뻑 젖었지만, 그렇게 함으로써 피해 여성들은 악몽의 껍데기를 한 겹 한 겹 벗겨낼 수 있었던 것이다."

글을 얼마나 잘 썼는지는 중요하지 않았습니다. 자기 인생의 흔적을 고스란히 적는 과정 자체에서 놀라운 결과를 얻어낸 것입니다. 어디에 썼는지도 중요하지 않습니다. SNS든 낙서장이든 고민하는 부분과 속상한 일들을 적다 보면 자신도 모르는 사이에 놀라운 치유의 경험을 하게 된다는 겁니다. 이런 과정이 자신을 알고 이해할 수 있는 계기가 되는 것이지요.

담을 쌓고 지냈던 일들과 화해할 수도 있고, 틀어졌던 인간관계가 회복될 수도 있고, 속상한 일들을 사과하고 용서받는 기회도 가질 수 있는 것이 글쓰기입니다. 나 자신과 소중한 관계를 맺고 이어가는 것도 글쓰기를 통해 가능해집니다.

머릿속에서만 머물다가 지나가면 이런 엄청난 효과를 느끼고 거둘 수 없습니다. 생각이 글이 되면 그 글은 내 인생을 바꿉니다. 오직 쓰는 자만이 얻을 수 있다는 것을 생각하며 오늘 내가 고민하는 일들과 생각을 적어보길 바랍니다. 그래야 치유의 경험과 삶의 변화가 시작될 수 있습니다.

글쓰기는 매번 지도 없이 떠나는 새로운 여행이다.

- 나탈리 골드버그 -

Menu 6
내 삶의 BGM… 인생 예찬

삶을 긍정적으로 본다는 것은 인생에 희망을 가져다줍니다. 그런 삶은 누군가에게 영향을 주고 함께 사는 세상을 더욱 아름답게 만들어주는 힘이 있습니다. 그렇다면 나는, 지금 어떤 곳에 시선을 두어야 할까요?

## 왜 그럴까, 내 인생
프랭클

● 자신의 삶이 이해되지 않을 때가 있습니다. 무엇 때문에 살아야 하는지 알 수 없어 두려움과 답답함이 밀려옵니다. 자기 존재의 의미가 희미한 안개와 같다면 그 길을 걸어가는 내내 불안에 휩싸이는 겁니다. 그럴 때 우리는 깊이 있게 인생을 관조하는 시간을 가져야 합니다.

"사람은 뒤를 돌아보아야만 자기 삶을 이해할 수 있다."고 키에르케고르가 말했습니다. 지나온 시간을 통해 나아갈 길의 단서가 보인다는 의미일 것입니다. 무엇을 좋아했고, 무엇을 할 때 극도로 몰입이 됐고 뛸 듯이 기뻤는지 떠올려보아야 합니다. 그렇게 인생을 되돌아보고 살필 때 자신을 알 수 있는 기회를 포착할 수 있습니다. 삶의 흔적을 뒤적이다 보면 어떻게 살아가야 할지도 알 수 있습니다.

우리가 역사를 배워야 하는 이유는 과거를 통해 현재를 직시할 수 있기 때문입니다. 비슷한 사건들이 지속적으로 일어나는 현상은 잘못된 역사를 청산하지 않았기 때문입니다. 잘못된 습관이나 반복된 실패를 거울삼아 새로운 습관을 습득해야 똑같은 실수를 줄일 수 있습니다. 같은 실수를 반복하지 않으려면 반드시 과거의 삶을 통해 원인을 파악하고 해결책을 찾아야 합니다. 또한 현재를 바로 보아야 미래 예측이 가능하고 대비할 수 있습니다. 이런 과정에서 깊이 고민하고 생각하는 태도가 꼭 필요합니다. 숙고하는 자세에 대한 소크라테스의 일화가 있습니다.

아테네 젊은이들을 선동했다는 이유로 억울하게 사형선고를 받은 소크라테스는 친구와 제자 들에게 탈출할 것을 권유받습니다. 하지만 소크라테스는 그들의 말에 동의하지 않고 이렇게 말했습니다.

"인간에게 가장 소중한 일은 언제나 탁월함에 대해 논하고 자신과 이웃을 성찰하는 것이네. 그리고 숙고하지 않는 삶은 살 가치가 없는 것이야."

사람에게 살아갈 가치가 없다는 말처럼 강력한 말이 또 있을까요? 죽음을 앞두고 있지만 소크라테스는 목숨을 잃는 것을 두려워하지 않았습니다. 오히려 '악법도 법이다'라는 말로 죽음을 숙명처럼 받아들였습니다. 사형제도가 엄격하지 않은 사회라 얼마든지 살아남을 수 있는 기회가 있었지만 그는 그렇게 하지 않았습니다. 대신 숙고하는 삶을 살라고 목소리를 높였습니다. 소크라테스는 앞으로 살아갈 인생을 위해 자신의 존재 이유는 무엇이며, 어떻게 살아가야 할지를 숙고해야 한다고 말했던 것입니다.

　케임브리지대학교의 앨런 맥팔레인 교수는 인류학을 가르치며 얻은 인생의 지혜를 사랑하는 손녀딸에게 가르쳐주고 싶었습니다. 하지만 손녀딸은 나이가 너무 어렸습니다. 그래서 어린 손녀딸을 위해 10년 뒤에 읽을 수 있도록 한 권의 책에 인생의 메시지를 담기도 했습니다. 그가 사랑하는 손녀에게 전하고자 하는 메시지는 명료합니다. 살다 보면 자기도 모르게 스며드는 익숙하고 당연한 삶의 가치들을 생각 없이 받아들이게 마련인데, 그렇게 살아가지 말라는 것입니다. 그는 나이가 들수록 보다 능동적인 태도로 하루하루 자신만의 삶을 독자적이고도 진실하게 설계해 가기를 바라면서, 허투루 흐르는 시간은 그 어느 순간에도 존재하지 않음을 잔잔하고도 힘 있게 이야기합니다.

　죽음의 문턱에서 간신히 살아남은 빅터 프랭클도 같은 의미의 말을 전합니다.

　"개미나 벌이나 다른 동물은 그들의 존재가 의미 있는지 아닌지에 대해 질문을 하지 않는다. 존재 의미에 관심을 갖는 것은 사람의 특권이다. 사람은 그런 의미를 찾을 뿐 아니라 그럴 만한 자격이 있다. (…) 무엇보다 그것은 진실함의 표시이다."

　깊이 생각하고 고민하는 태도가 어쩌면 가장 진실하게 사는 방법일지 모릅니다. 빅터 프랭클의 말처럼 우리가 살아갈 의미는 숙고하는 과정에서 찾을 수 있고 앞으로 나아갈 길의 열쇠를 발견할 수도 있으니까요. 그러기에 오늘의 삶에서 깊이 생각하는 과정이 필요합니다.

　분주한 일상에서 벗어나 잠시 자신을 되돌아보고 미래를 계획하는 시간을 가져야 합니다. 그 시간이야말로 삶을 깊이 있게 살도록 돕는 길이 될 것입니다.

당신이 만일 생각하지 않는 사람이라면
당신은 무엇을 위한 인간이란 말인가?

- 콜리지 -

## 최선의 선택, 최선의 책임
### 소크라테스

● 우리는 알게 모르게 사회와 가정의 영향을 받고 살아갑니다. 자신의 주관적 선택이나 내면이 이끄는 대로 반응하며 살아가기가 쉽지 않습니다. 모험을 하기보다는 안정적인 것을 추구하게 되고, 내가 원하는 것보다는 가족이 원하는 삶을 살게 됩니다.

물론 안정적인 삶도 중요합니다. 인간의 기본적인 욕구를 안정적으로 추구하는 것은 당연하니까요. 하지만 인생의 참 의미와 삶의 목적을 점검해야 할 때가 오면 자신이 원하는 삶을 살지 못한 것을 후회합니다. 그러면서 자신이 원하는 인생을 살지 못했다며 상황과 다른 사람을 탓합니다. 자기 삶의 결과를 자신이 책임지는 것이 아니라 남의 탓으로 돌리며 합리화합니다. 남의 탓을 해서라도 위안을 삼으려는 것이지요.

하지만 자기 인생의 결과를 놓고 남 탓하는 사람에게는 희망이 없습니다. 스스로 자기 갈 길을 찾으려는 노력도 하지 않고 변명만 하면서 어떻게 자신이 걸어가야 할 길을 열어나가겠습니까? 보다 발전적이고 희망적인 삶은 어떤 선택이든 그 책임은 자신의 몫이라고 생각하는 사람에게서 찾아볼 수 있습니다.

소크라테스야말로 자신의 선택에 대한 결과를 겸허히 받아들이는 사람이었습니다. 신을 믿지 않고 청년들을 타락시킨다는 이유로 고발된 소크라테스는 법정에 서서 아테네 시민들을 향해 이렇게 말했습니다.

"나의 친구여, 죽음의 회피가 어려운 것이 아니라, 불의를 피하는 것이 어렵습니다. 부정은 죽음보다도 빨리 달리기 때문입니다. 나는 늙고 행동이 둔하기 때문에 느리게 뛰는 자에게 붙잡혔지만 예리하고 기민한 나의 고발자들은 빨리 달리는 자, 곧 불의에 붙잡혔습니다. 그리고 나는 지금 여러분으로부터 유죄 판결을 받고 사형을 받기 위해 떠나지만, 그들도 진리에 의해 유죄 판결을 받고 흉악과 부정에 대한 처벌을 받기 위해 떠나갑니다. 그리고 나는 나에게 내린 판결을 감수해야 합니다. 그들은 그들에게 내린 판결을 감수해야 합니다. 나는 이것은 숙명적인 일이라고 생각합니다. 나는 이것으로 만족스럽다고 생각합니다."

『소크라테스의 변명』에 나오는 이야기입니다. 자신을 고발한 사람들은 고발한 대로의 삶의 몫을 감당해야 하고 자신은 법을 어긴 몫을 감당해야 한다고 말하고 있습니다.

"이제 떠나야 할 시간이 되었습니다. 각자 자기의 길을 갑시다. 나는 죽기 위해서, 여러분은 살기 위해서. 어느 쪽이 더 좋은가 하는 것은 오직 신만이 알 뿐입니다."

진리와 양심을 선택한 소크라테스는 양심을 저버리지 않기 위해 불의한 법의 선고를 받아들인 것이지요. 하지만 아테네 시민들은 양심보다는 부와 명예에 더 관심이 많았습니다. 어쩌면 소크라테스는 그 모습을 일깨워주기 위해 죽음을 선택한 것인지도 모릅니다.

"그대는 최대한의 돈과 명예와 명성을 쌓아올리면서 지혜와 진리와 영혼의 최대의 향상은 거의 돌보지 않고 이러한 일은 전혀 고려하지도 주의하지도 않는 것을 부끄러워하지 않는가?"

또한 말과 행동이 일치된 삶을 산 소크라테스는 자신이 선택한 몫을 받아들인 것이죠. 죽음 앞에 초연한 모습은 그의 사상적 깊이와 신념의 높이를 고스란히 보여줍니다. 이것이 자기 선택에 책임지는 자의 결과입니다.

전 세계에서 가장 영향력 있는 여성으로 인정받는 힐러리 로댐 클린턴의 두 번째 자서전 『힘든 선택들』은 '인생은 선택의 연속'이라는 말로 시작합니다.

"우리는 모두 삶 속에서 힘든 선택들과 마주한다. 어떤 사람들은 보다 감당하기 힘든 선택에 직면하기도 한다. (…) 인생은 이러한 선택의 연속이다. 우리가 내리는 선택과 그 선택을 어떻게 다루는지가 곧 우리의 모습이 된다."

"나는 소신껏 행동했다고 생각했고, 내가 가진 정보로 최선의 선택을 했다고 믿었다. 잘못된 판단을 내린 것은 나뿐이 아니었지만, 어쨌거나 내가 틀린 건 사실이다. 정말 잘못한 것이다."

어떤 선택이든지 책임지는 자세가 필요하다는 이야기입니다. 또한 잘못된 결정은 솔직하게 고백하며 인정할 줄도 알았습니다. 그런 용기가 세계적으로 영향력을 발휘하는 인생을 살게 한 것입니다.

어떤 선택이든 책임지는 자세를 가지려면 용기가 필요합니다. 또한 자기 인생의 길을 스스로 열어가려는 의지도 있어야 합니다. 스스로 인생의 길을 선택한 사람은 그 결과가 어떻든 다른 이의 탓으로 돌리지 않습니다. 모든 삶의 결과를 겸허하게 수용합니다. 스스로 선택하고 결정하고 살아가는 인생이기에 그렇습니다.

여러분은 지금 어떤 인생을 살고 있습니까? 누군가의 선택에 의해 끌려가고 있습니까? 아니면 스스로 인생의 길을 개척하며 나아가십니까? 부와 명예를 좇고 있습니까? 아니면 진리와 양심에 따라 살고 있습니까? 어떤 선택이든 그 책임은 여러분의 몫이라는 것을 기억하며 후회하지 않는 삶, 나와 후손들에게 조금이라도 더 희망적인 삶의 흔적을 남기는 인생을 살아갔으면 합니다.

모든 사람은 이것이든 저것이든 하나를 선택한다.
그리고 그들은 그것에 대하여 책임을 져야만 된다.

- T. S. 엘리엇 -

# 당신의 배경이 되겠습니다
## 앤 설리번

● 인생을 살면서 누구나 열매를 맺습니다. 후세에 남을 만한 업적은 아니더라도 인생의 소중한 결실 한 가지 정도는 누구에게나 있습니다. 숱한 어려움과 난관을 극복하고 때로는 세찬 태풍이나 극심한 가뭄에 맞서기도 했을 겁니다. 병충해의 위험에도 살아남는 법을 터득했겠지요. 그렇게 인생의 열매에는 무수히 많은 사연과 스토리가 담겨 있습니다. '이것이 정답이다'라고 자신 있게 말할 수는 없지만 살아가는 지혜를 나름대로 갖게 됩니다. 그렇다면 인생의 열매를 통해 얻은 지혜를 어떻게 활용하면 좋을까요?

요즘은 재능기부며 지식 나눔으로 많은 사람에게 도움을 주는 이들이 많아졌습니다. 자신의 철학과 인생의 지혜를 공유하는 것이지요.

인생의 열매를 하나라도 수확한 사람이라면 누군가의 삶에 배경이 될 수 있습니다. 자신이 경험으로 터득한 지혜를 다른 사람에게 나누어 주는 것입니다. 비록 작고 사소한 일이라고 해도 그것은 누군가의 인생에 도움을 주는 행동입니다. 그런 삶이 이 세상을 조금씩 좋은 모습으로 변화시킵니다. 나아가 자기 존재의 이유까지 발견할 수 있습니다.

안도현의 작품『연어』에 보면 연어와 초록강의 대화가 나옵니다. 누군가의 배경이 되어주는 삶에 대한 이야기입니다.

"존재한다는 것, 그것은 나 아닌 것들의 배경이 된다는 뜻이지."

"내가 지금 여기서 너를 감싸고 있는 것, 나는 여기 있음으로 해서 너의 배경이 되는 거야."

"별이 빛나는 것은 어둠이 배경이 되어주기 때문이죠?"

"꽃이 아름다운 것은 땅이 배경이 되어주기 때문이고요?"

"우리는 누구나 우리 아닌 것의 배경이 될 수 있어."

누군가의 배경이 된다는 것은 이렇듯 자기 삶을 통해 누군가를 빛나게 해주는 것입니다. 자신의 존재로 누군가에게 도움을 주는 행동을 할 때 상대방이 돋보이게 됩니다. 상대가 성장할 수 있도록 돕는 것이지요. 배경이 되는 삶이야말로 가치 있는 인생이라 여겨집니다.

연못에 핀 꽃을 보고 쓴 정약용의 '지각절구池閣絶句'라는 시가 있습니다.

꽃 심은 사람들 꽃구경할 줄만 알지

화사한 잎 퍼짐은 모른다네.

한차례 장맛비 그친 뒤에

어린 가지마다 연노란 새잎 참 예쁘네.

사람들이 꽃구경만 할 줄 알지 꽃이 시들고 난 뒤에 퍼지는 새잎의 아름다움을 보지 못함을 꼬집는 말입니다. 꽃이 아름답게 피려면 잎이 제자리를 지키고 있어야 가능합니다. 잎이 있어야 광합성 작용을 할 수 있습니다. 물론 꽃은 잎의 성장에서 태어납니다. 종의 번식을 위해 꽃이 필요하지요. 하지만 어느 것이 더 중요하다고 말할 수는 없습니다. 다만 꽃이 피기 위해서는 잎이 필요하고, 꽃이 아름답게 보이기 위해서도 잎의 역할이 중요합니다. 잎이 없는 자리에 피는 꽃은 아름다움의 극치를 이룰 수 없습니다.

우리의 삶도 다르지 않습니다. 누군가의 인생에 배경이 된다면 둘 다 생명력을 얻으며 공존할 수 있습니다. 스포트라이트는 도움을 받은 사람이 받겠지만 진정한 승리자는 배경이 된 사람입니다. 단단히 받쳐주는 배경이 없다면 어느 누구도 곧게 일어서기 힘들기 때문입니다.

보지도 듣지도 말하지도 못하는 헬렌 켈러가 작가, 교육자, 사회복지사로 명성을 떨칠 수 있었던 것은 앤 설리번 선생님의 도움 때문이었습니다. 설리번 선생님은 들짐승 같았던 헬렌 켈러를 사랑으로 가르칩니다. 단어 하나의 뜻을 가르치기 위해 수많은 시행착오를 거치지만 결코 포기하지 않았습니다. 설리번은 헬렌 켈러가 온전히 설 수 있도록 평생을 함께합니다. 그런 열정이 헬렌 켈러를 있게 한 것입니다. 헬렌 켈러는 만약 자신이 눈을 뜨고 3일 동안 볼 수 있다면 무엇을 할 것인지를 이야기합니다. 눈으로 볼 수 있는 첫날 소원은 바로 자신을 가르쳐준 설리번 선생님을 찾아가 그분의 얼굴을 바라보는 것이라고 말했습니다. 그만큼 자기 삶에 큰 영향을 주었다는 것을 의미합니다.

한국 영화사의 흥행기록을 바꿔 쓴 〈명량〉은 삶에 대해 많은 것을 생각하게 했습니다. 불가능한 현실을 뛰어넘어 나라를 지킨 이순신의 지도력과 가치를 되새길 수 있게 했습니다. 나아가 함께 목숨을 걸고 싸움 현장에 뛰어든 백성들은 더욱 위대한 힘을 발휘했습니다. 특히 갑판 밑에서 노를 젓는 군졸들의 힘은 대단했습니다. 빠른 물살을 버티기 위해 혼신의 힘을 다한 그들이 없었다면 아마 전쟁에서 승리할 수 없었을 것입니다. 군졸들의 삶이 지금 우리 삶에 배경이 되어주었던 것입니다. 선혈을 흘리며 채색한 배경 위에 대한민국이라는 나라가 든든히 세워질 수 있었습니다. 그 나라에서 우리는 살아가고 있습니다. 그들이 목숨 바쳐 그려낸 배경 위에 우리가 서 있는 것입니다.

 자신이 갖고 있는 가치, 이루고자 하는 목표가 누군가에게 희망이 된다면 좋겠습니다. 그런 인생을 살고자 하는 사람이 많을수록 이 세상은 더 아름다워질 것입니다.

인생에서 가장 중요한 것은 가치 있는 사람이 되고
인생에서 중요한 것들을 지키고 지지하며
우리의 삶 자체로 인해 세상에 자그마한 변화를 주는 것이다.

- 레오 로스텐 -

## 함께 사는 세상, 지혜로운 기도

타고르

● 자신의 힘으로는 해결할 수 없는 일을 종종 만나게 됩니다. 그럴 때면 저절로 기도를 하게 됩니다. 평소에는 기도 한번 하지 않던 사람도 급박한 상황이 되면 기도를 합니다. 종교를 가지고 있는 사람이든, 그렇지 않는 사람이든 모두 비슷합니다. 자신의 힘으로 해낼 수 없는 일을 신의 도움으로 해결할 수 있다는 믿음이 생기는 것입니다. 지푸라기라도 잡는 심정이지만 그 간절함의 깊이는 하늘을 찌릅니다.

그런데 종교도 없고, 딱히 기도를 해야 할 만큼 다급한 일이 없음에도 기도를 해야 한다면 여러분은 어떤 기도를 하겠습니까? 대부분의 사람들은 개인의 문제 해결을 위해 기도할 것입니다.

'The Prayer(기도)'라는 노래가 있습니다. 수많은 가수들이 이 노래를 불렀지만 열두 살에 공을 차다 시력을 잃은 안드레아 보첼리가 부른 노래는 유난히 감동적입니다. 앞을 볼 수 없는 가수가 노래한다는 상황을 생각하며 가사를 음미해보면 이 노래가 참 의미 있게 다가옵니다. "당신께서 저희 눈이 되어주시고, 저희가 어디로 가든지 저희를 지켜주시기를 기도합니다."로 시작하는 가사는 그가 시각장애인이라 더 가슴을 흔듭니다. 이 노래의 핵심 가사는 이렇습니다.

> 평화의 세상을 꿈꾸게 하소서.
> 정의와 희망의 세상
> 가장 가까이 있는 이의 손을 잡게 하소서.
> 평화와 형제애의 상징으로
> 당신이 주신 사랑의 힘으로
> 우리의 삶이 평화롭게 하소서.

개인적인 욕심의 기도가 아니라 모두가 함께 사랑하는 세상을 꿈꾸는 기도입니다. 목소리만큼이나 가사가 감동적이고 우리가 추구해야 할 기도의 표본이라는 생각이 들기에 가슴이 더 뜨거워집니다.

세상을 향한 기도가 아니라 자신을 위한 기도를 한다면 어떻게 기도하는 것이 좋을까요? 100억 원 정도의 돈을 달라는 기도나 앓고 있는 질병을 치료해달라는 기도를 하면 좋을까요? 그보다 더 현명한 기도는 없을까요? 기도의 내용으로 고민하고 있다면 1913년 노벨문학상 수상자인 라빈드라나트 타고르의 기도문을 참고하면 좋을 듯합니다.

## 이렇게 기도하게 하소서

라빈드라나트 타고르

위험에서 벗어나게 해달라고 기도하지 말고
위험과 용감히 맞설 수 있게 해달라고
기도하게 하소서.

고통을 가라앉게 해달라고 청하지 말고
고통을 이겨내는 마음을 청할 수 있게 하소서.
인생이라는 싸움터에서 아군을 찾지 말고
스스로의 힘을 찾아낼 수 있게 하소서.

불안과 두려움 속에서 구원을 갈망하지 말고
자유를 쟁취하는 인내심을 갖게 하소서.

성공 속에서만 당신의 은혜를 느끼는
비겁한 자가 아니라, 실의에 빠졌을 때야말로
당신의 귀하신 손을 잡고 있음을 알아채게 하소서.

문제를 해결해주는 기도가 아니라 문제를 해결할 수 있는 지혜와 능력을 구하는 것이 인상적입니다. 관리할 수 있는 능력이 없는데도 무작정 구하는 것보다는 문제를 해결할 수 있는 능력을 갖는 것이 더 현명한 판단입니다. 참 지혜로운 기도문이라는 생각이 듭니다. 나아가 나의 문제뿐 아니라 한 공간에서 살아가는 이들을 위한 기도도 빠뜨리지 않았으면 합니다. 우리의 삶은 혼자서는 살 수 없기 때문입니다. 서로 손잡고 함께 사는 세상이기에 모두가 희망을 품고 살아갈 수 있는 기도가 필요합니다. 그런 세상에 희망이 있다고 말할 수 있습니다.

다른 사람들을 평가한다면 그들을 사랑할 시간이 없다.

- 마더 테레사 -

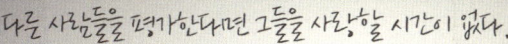

## 내게 최고의 영향을 주는 사람
### 공자

● 나이 들어 좋은 것이 하나 있습니다. 젊었을 때 보지 못했던 것들이 자연스레 보인다는 점입니다. 젊었을 때는 화가 나고, 견디기 힘들고, 괴로운 일들이 나이가 들어 되돌아보면 별일 아닌 것처럼 여겨집니다. 그때는 '왜 그런 일들 때문에 힘들어했을까?'라는 생각마저 듭니다.

그렇다고 젊었을 때의 경험과 생각 들이 가치 없다는 이야기는 아닙니다. 경험이 부족한 시기였기에 그럴 수밖에 없습니다. 젊을 때는 당연히 아파하고 힘들어하고 고뇌하며 살아갑니다. 실패하고 좌절하는 것이 일상이기도 합니다. 그런 삶의 경험들이 쌓이다 보면 어느 순간 보지 못했던 것들이 눈에 들어옵니다. 왜 아파하고 화를 내고 견디기 힘들었는지 말입니다.

이것은 삶을 통달한다는 것을 뜻하지 않습니다. 눈에 보이지 않았던 것들이 하나둘씩 보이고, 그 나이에는 그럴 수밖에 없는 어떤 것들이 있음을 알게 되는 것입니다. 삶의 고뇌와 아픔을 볼 수 있는 나이에 이르렀다고 말할 수 있습니다.

공자는 십여 년 동안 각 나라를 찾아다니며 자신을 등용해달라고 유세를 합니다. 하지만 어느 곳에서도 답을 듣지 못합니다. 그렇게 험난한 세상을 떠돌다 전쟁 상황에 부딪힙니다. 어디로 가야 할지 모르는 진퇴양난에 빠지고 무려 일주일을 아무것도 먹지 못하고 굶게 됩니다. 그런 상황에서도 공자는 태평하게 노래를 부릅니다. 그 모습을 걱정스레 바라보는 제자 안회에게 공자는 이렇게 말합니다.

"회야, 하늘이 주는 손해를 받지 않기란 오히려 쉬운 법이다. 사람이 주는 이익을 받지 않는 게 어려운 일이지. 세상일이라는 게 시작도 없으니 끝도 없는 법이다."

안회가 공자에게 묻습니다.

"시작도 없고 끝도 없다는 건 무슨 의미입니까?"

공자가 안회에게 대답합니다.

"만물의 변화가 끝이 없지만 어디서 바뀌는지 알지 못한다. 어떻게 그 끝을 알며, 어떻게 그 처음을 알 수 있을 것인가. 다만 바른 자세를 지키며 기다릴 따름이다."

어떤 것이 처음이고 끝인지는 모르지만 그래도 분명한 것은 바른 자세로 똑바로 사는 마음 가짐이라고 강조합니다. 『장자』의 산목 편에 나오는 이야기인데 우리가 지금 고민하는 문제에 대한 답으로 대신할 수 있을 것 같습니다. 제자의 입장에서는 불투명한 미래로 불안한데 공자는 오히려 태평합니다. 좌불안석하지 말고 주어진 삶에 최선을 다하면 된다는 것입니다. 산전수전 다 겪은 공자가 예순이 넘은 나이에 체득한 삶의 지혜입니다.

 인생은 아무 의미 없이 흘러가고 사라지지 않습니다. 우리가 살아가는 삶의 이야기들은 어떻게든 흔적이 남습니다. 오늘 하루는 그냥 그렇고 별 볼 일 없을지라도 시간의 흔적으로 남아 누군가에게 영향을 줍니다. 가장 많은 영향을 받는 것은 자기 자신입니다. 그러기에 오늘 하루를 뜻있게 보내야 합니다. 어느 순간 내 삶을 봤을 때 후회가 남지 않으려면 아름답고 참된 것으로 하루를 채워야 합니다.

 그럼 나이가 들었을 때 스스로에게 이렇게 말할 수 있을 겁니다.

 "그래, 넌 최선을 다했어."

 이런 삶이면 충분하지 않을까요?

인생은 흘러가고 사라지는 것이 아니다.
성실로써 이루고 쌓아가는 것이다.
우리는 하루하루를 보내는 것이 아니라
노력으로 아름답고 참된 것들을 차곡차곡 채워가는 것이라야 한다.
하루를 뜻있게 보내라.

- 존 러스킨 -

# 웰 다잉 하기 위해서

## 퀴블러-로스

● 살아갈 날이 무한하다고 느낄 때가 있었습니다. 어린 시절 겪었던 느닷없는 죽음들은 나와 상관없는 일이라 여겼습니다. 젊은 시절에 만난 죽음도 더 이상 먼 나라 이야기가 아닌 정도로 생각했을 뿐입니다. 중년이 되자, 죽음은 나와 아주 가까운 일이 되었습니다. 불의의 사고와 갑작스레 만난 질병은 우리의 삶을 순식간에 앗아간다는 사실을 알게 된 거죠.

인생의 지혜를 얻은 사람들은 죽음에 대해 먼저 생각하는 사람들입니다. 죽음이 가까이 있다고 여기는 사람은 시간을 낭비하며 살지 않습니다. 인생이 너무 짧다는 것을 깨닫게 된 겁니다. 원하는 삶을 살지 못한 것, 사랑을 마음껏 나누지 못한 후회들이 스쳐 지나갑니다.

죽음을 기억하며 산다는 것은 오늘의 삶을 충실하게 만듭니다. 더 이상 내일이 허락되지 않는다고 생각해보십시오. 오늘이 얼마나 소중한 날인지 실감할 수 있을 것입니다. 1초가 아까울 것입니다. 가까이에 있는 가족을 향해 내딛는 한 걸음의 가치는 어떤 것과도 비교할 수 없을 것입니다. 그래서 지혜로운 현자들은 죽음을 생각하며 사는 삶의 가치를 조언합니다.

평생 죽음에 임박한 환자를 관찰하고 연구한 엘리자베스 퀴블러-로스는 『인생 수업』에서 이렇게 말합니다.

"지혜와 명상은 우리에게 젊음이 중요하긴 하지만 언제나 매력적이지만은 않다는 것을 일깨워줍니다. 이런 지혜에는 편안함이 있습니다. 청춘은 순수의 시기인 동시에 무지의 시기입니다. (…) 많은 이들에게 젊은 시절의 꿈은 늙은 시절의 후회가 됩니다. 삶이 끝나기 때문이 아니라, 그 꿈을 위해 살지 못했기 때문입니다. 멋지게 나이 들어간다는 것은 하루를, 그리고 하나의 계절을 온전히 경험하는 것입니다. 진정으로 삶을 산다면, 우리는 그날들을 다시 살고 싶어 하지 않습니다."

죽음의 세계에서 일생을 경험한 사람이 보내는 인생의 지혜입니다. 죽음이 멀리 있지 않다고 생각하면 삶은 분명히 달라집니다. 죽음이 인생에 큰 가르침을 준다는 의미입니다.

인문학적인 삶을 살도록 이끄는 세 가지 질문이 있습니다. 첫째는 '나는 누구인가?'라는 질문이며, 둘째는 '어떻게 살아갈 것인가?'입니다. 마지막으로 세 번째는 '어떻게 죽을 것인가?'입니다. 인문학은 이 세 가지 질문에 답을 찾기 위한 학문입니다.

삶의 길을 열어가려면 나는 누구인지에 대한 답과 어떻게 살아갈 것인가에 대한 답을 찾아야 합니다. 하지만 좀 더 의미 있는 삶에 대해 생각하려면 어떻게 죽을 것인가에 대하여 답을 얻을 수 있어야 합니다. 어떻게 죽을 것인가는 죽음을 맞이하는 방식을 이야기하는 것이 아닙니다. 이 세상에 존재하는 순간까지 탁월함을 추구해 창조적인 삶을 살고 인생을 멋지게 마무리하는 것입니다. 그래서 늘 죽음에 대해 생각하며 나아가야 합니다.

퀴블러-로스는 자신의 마지막 저서 『생의 수레바퀴』에서 죽음을 생각하며 사는 삶에 대한 메시지를 이렇게 전합니다.

"지구에 태어나 할 일을 다 하면 이 세상에서의 마지막 날에도 자신의 삶을 축복할 수 있다. 가장 힘든 과제는 무조건적인 사랑을 배우는 것이다. 죽음은 두렵지 않다. 죽음은 삶에서 가장 멋진 경험이 될 수 있다. 그것은 그 사람이 어떻게 살아가느냐에 달려 있다. 죽음은 이 삶에서 고통도 번뇌도 없는 다른 존재로 이행하는 것일 뿐이다. 사랑이 있다면 어떤 일도 견딜 수 있다. 더 많은 사람에게 더 많은 사랑을 주는 것, 그것이 내 바람이다. 영원히 사는 것은 사랑뿐이기 때문에……."

여러분은 지금 죽음이 얼마나 가까이 있다고 생각합니까? 죽음이 가까이 다가오고 있다고 생각하면 오늘이 얼마나 소중하고 값진 것인지 깨달을 수 있습니다. 죽음과 삶에 관한 영국의 역사가인 토마스 풀러의 말을 새겨들어도 좋을 것 같습니다. "훌륭하게 죽는 법을 모르는 사람은 한마디로 살았을 때도 사는 법이 나빴던 사람이다."

메멘토 모리(Memento mori, 죽음을 기억하라)를 생각하며 사는 삶이 우리에게 필요합니다.

잘 보낸 하루 끝에 행복한 잠을 청할 수 있듯이
한생을 잘 산 후에는 행복한 죽음을 맞을 수 있다.

- 레오나르도 다 빈치 -

# 내 삶의 필름을 돌려보자
## 프랭클린

● 한 번뿐인 인생, 멋지게 살다 가면 그뿐이라고 생각하는 사람들이 있습니다. 그래서 자신이 해보고 싶은 것들을 후회 없이 도전합니다. 성장과 성숙을 위한 것도 있지만 해서는 안 될 일들을 서슴없이 저지르는 사람도 있습니다. 이런 경우 자신은 쾌락을 맛볼 수 있을지 모르지만, 가까운 사람들의 두 눈에는 피눈물이 흐르고, 가슴은 새까맣게 타들어갑니다. 내 삶이 가족과 주변 사람들에게 어떤 영향을 미치는지 관심을 가지지 않기에 힘들어지는 것입니다.

한 인간의 삶이 나의 인생으로만 끝나버리면 그렇게 폼 나게 즐기며 살다 가도 괜찮을 것입니다. 하지만 우리의 인생은 누군가의 삶에 영향을 주게 돼 있습니다. 어떻게 살든 역사의 한 페이지를 장식하게 됩니다. 어떤 역사를 써나가느냐는 오롯이 자신의 몫입니다. 그러기에 함부로 살면 안 되는 것입니다.

인생을 점검하고 성찰하는 데 자서전만큼 강력한 도구는 없는 것 같습니다. 자서전은 내가 이 세상에 있기까지의 과정은 물론 자기 삶의 흔적을 남기는 일입니다. 자신의 가치를 담아내는 일생의 작업이기도 하죠. 자신이 어떤 사람인지 이해할 수 있고 자기가 아픔을 준 사람들에게 용서를 구할 수 있는 계기도 제공합니다. 이런 선한 의미를 얻기 위해서 선결되어야 할 조건이 있습니다. 바로 진실하게 써야 한다는 것입니다. 때로는 수치스러운 것까지 적겠다는 의지도 필요합니다. 수치스러운 것을 뺀 자서전은 아무런 의미가 없습니다. 자기 자랑이나, 홍보 도구밖에 되지 않습니다. 자서전의 생명은 진실입니다. 진실에 기반을 두고 거짓 없이 이야기를 펼쳐가다 보면 성찰할 수 있는 기회가 주어집니다. 어떻게 살아왔는지가 보입니다. 더불어 남아 있는 미래의 이야기를 어떻게 써나가야 할지 좀 더 차근차근 살펴볼 수 있게 됩니다.

벤저민 프랭클린은 자서전을 쓰면서 그 의미를 이렇게 말했습니다.

"인생을 다시 산다는 것은 말처럼 가능한 일이 아니구나. 따라서 인생을 다시 사는 것만큼이나 가치 있는 일을 해보고자 한다. 바로 내 지나간 인생을 회상하고 재조명하여 기록으로 남기는 것이다."

자기 이야기를 글로 남기는 작업은 인생을 다시 사는 것만큼이나 가치 있는 일입니다. 자신의 삶이 기록되어야 한다는 일념으로 살아가면 허투루 살 수 없습니다. 대대로 물려 내려갈 인생이면 선한 영향력을 끼치는 삶을 살아야 하기 때문입니다. 그러기에 자서전은 그 어떤 일보다 가치가 있는 작업입니다.

그런데 많은 사람들이 자서전 쓰기를 외면합니다. 글 쓰는 것이 힘들기도 하지만 자서전은 누군가 알아줄 만한 인생을 산 사람들이 쓰는 것이라는 오해 때문입니다. 이것은 잘못된 생각입니다. 자서전은 누구나 쓸 수 있습니다. 자기가 걸어온 발자취를 되돌아보며 이해하고 성찰의 기회로 삼는 목적이라면 누구든 써도 됩니다.

다음 자서전 서문은 버락 오바마가 서른다섯 살에 쓴 글입니다.

"일반적으로 자서전이라고 하면 기록할 만한 가치가 있는 업적이나 유명한 사람과 나눈 대화 혹은 중요한 역사적 사건에서 자기가 맡은 역할 등을 담는다. 하지만 이 책에는 그런 내용이 하나도 없다. 그리고 자서전이라고 하면 최소한 인생의 국면을 요약하거나 마감하는 내용을 담지만 이 책은 이런 조건도 만족시키지 못한다. 나는 지금도 여전히 세상 속에서 내 길을 헤쳐가느라 정신없이 바쁘기 때문이다."

이 글을 쓰고 한참이 지난 후 그는 미국 대통령이 되었습니다. 자기 인생을 살펴본 이야기가 대통령이 되는 데 많은 도움이 되었다고 합니다. 자서전이 한 사람의 인생을 바꿔주는 계기가 된 것입니다.

자서전을 꼭 일생을 마감하는 시점에 써야 할 이유도 없습니다. 10대의 청소년도, 20대 청년도 쓸 수 있는 게 자서전입니다. 젊은 시절에 자서전을 쓰면서 자기 삶을 살핀다면 좀 더 의미 있는 삶을 살 수 있습니다. 지금까지 잘못 살아왔던 일이 보이고, 해서는 안 될 일도 발견할 수 있기 때문입니다.

이 세상을 살아가는 모든 사람이 자서전을 쓴다면 어떻게 될까요? 자기 삶을 기록으로 남긴다면 어느 누구도 한 번뿐인 인생이라고 함부로 살지는 않을 것입니다.

여러분이 지금 자서전을 쓴다고 상상해보는 것도 좋습니다. 글은 생각보다 훨씬 큰 힘이 있습니다. 써보지 않으면 알 수 없습니다. 글 쓰는 것이 죽기보다 싫다면 생각으로 삶을 되짚어보십시오. 영화관에 앉아 있다고 생각하고 스크린에 여러분이 살아온 인생의 필름들을 돌려보세요. 무엇이 보입니까? 수치스러운 장면도 스크린에 나타날 수 있게 해보세요. 참 부끄러울 것입니다. 하지만 인생을 성찰하게 될 것입니다. 자기 삶의 흐름도 꿰뚫어 볼 수 있습니다. 그 흐름으로 살아가면 어떤 미래가 기다리고 있을지 상상이 됩니다. 그 힘이 자서전 쓰기에 숨어있습니다. 부디 자서전 쓰기를 통해 지나온 인생을 성찰하고 희망차게 앞날을 이어가길 바랍니다.

자서전은 수치스러운 점을 밝힐 때만 신뢰를 얻을 수 있다.
자신을 스스로 칭찬하는 사람은 십중팔구 거짓말을 하고 있다.

- 조지 오웰 -

## 내 인생, 한마디로 표현해볼까

카잔차키스

● 요즘 '웰 다잉<sup>well-dying</sup>'에 관심을 갖는 사람들이 많아졌습니다. 누구도 죽음을 피할 수 없고 언젠가는 죽기 때문에 후회 없이 생을 마무리하는 것도 잘 사는 방법 중 하나일 것입니다. 사실 건강한 신체와 정신을 가지고 죽음을 생각한다는 것은 쉽지 않은 일입니다. 하지만 언젠가 생의 막이 내린다는 사실을 기억한다면 인생에서 중요한 선택을 내리는 데 도움이 되기도 합니다. 살아온 날을 아름답게 정리하고 평안한 삶의 마무리를 하는 것만큼 또 중요한 일이 어디 있겠습니까.

죽음을 생각한다는 것은 야생마 같은 인생을 살지 않게 해줍니다. 그렇다고 누군가에 길들여지는 인생도 아닙니다. 자신이 이 세상에 살아야 하는 존재의 의미를 발견하는 시간을 갖도록 해줍니다. 세상에 내놓을 만한 뛰어난 업적이 없더라도 죽음을 생각하며 사는 사람은 자신의 인생을 긍정할 수 있고 의미를 찾을 수 있습니다. 그래서 의식적으로라도 죽음에 대해 미리 생각해보는 시간을 가질 필요가 있습니다.

죽음의 의미를 실감할 수 있는 활동 중 하나가 묘비명을 적는 것입니다. 내 인생의 여정을 단 한마디 문장으로 표현해보는 것이지요. 그 문장을 내 묘비에 새긴다고 생각하면 삶이 영원하지 않다는 것을 깨닫게 됩니다.

묘비명은 고인을 기념하기 위해 묘비에 명문장이나 시적인 문구를 새기는 것을 말합니다. 인생을 살다간 이의 삶을 다양한 방식으로 대변해 적어놓은 글로서 생전에 고인이 추구했던 삶의 의미나 가치관을 적어놓기도 합니다. 보통은 죽은 후에 주변 사람들이 그의 삶을 추모하기 위해 적기도 하지만, 요즘은 자신이 묘비에 적을 문구를 미리 생각해놓는 일이 많습니다. 자기 인생을 한마디로 표현하는 의식입니다.

프랑스 작가 스탕달은 직업과 관련된 묘비명으로 '살고 쓰고 사랑했다.'라고 썼습니다. 임마누엘 칸트는 '생각하면 할수록, 날이 가면 갈수록, 내 가슴을 놀라움과 존경심으로 가득 채워주는 두 가지가 있다. 그것은 밤하늘의 반짝이는 별과 내 마음속 도덕률이다.'라고 썼습니다. 니코스 카잔차키스는 '나는 아무것도 바라지 않았다. 나는 아무것도 두려워하지 않는다. 나는 자유이므로.'라며 자신의 인생관을 적었습니다.

이처럼 묘비명을 보면 그 사람의 삶이 보입니다. 그가 누구인지 몰라도 묘비명만 읽으면 생전에 추구한 가치와 인생관을 유추할 수 있습니다. 한 평생의 삶을 단 한마디로 알 수 있는 것이지요.

그런 의미로 여러분의 인생을 대변하는 묘비명을 써보는 시간을 가져보는 것은 어떨까요? 젊다고, 죽음이 멀리 있을 것이라고 외면하지 마시고 한번 써보십시오. 묘비명을 적다 보면 지금까지 삶의 궤적이 보일 것입니다. 자연스레 인생의 의미도 발견할 수 있을 겁니다. 이것은 상상만으로 얻어지는 결과물이 아닙니다. 써본 사람만 느낄 수 있고 얻을 수 있는 인생의 묘미입니다.

묘비명에서 한 걸음 더 나아가 유언장에 도전해보는 것도 좋습니다. 유언장은 자신이 중요하다고 생각하는 인생의 가치를 남기는 작업입니다. 유형, 무형의 재산을 어떻게 처분할 것인지, 자신이 짊어지고 왔던 삶의 흔적을 어떻게 정리할 것인지 미리 일러두는 작업입니다. 한 가지 유념해야 할 것은 스스로 목숨을 끊지 않아야 한다는 것입니다. 스스로 목숨을 끊는 것은 사람이 저지르지 말아야 할 일입니다. 우리의 의무는 삶을 살아내는 것입니다. 세상에 태어난 것이 나의 의지가 아니었듯이 삶의 끝도 내 의지로 결정할 수 없습니다. 끝까지 삶을 살아내야겠다는 일념으로 유언장을 써보십시오.

많은 사람들이 유언장을 쓰다 보면 하염없이 눈물을 흘립니다. 인생에서 중요한 덕목들이 무엇인지 깨닫고, 사랑하는 사람과 이별을 해야 한다는 생각이 엄습하기에 그렇습니다. 미안한 일들, 함께 아름다운 시간을 보내지 못한 아쉬움, 따듯한 말과 행실로 보듬어주지 못한 괴로움들이 뒤덮습니다. 원망과 하소연으로 가득할 것 같지만 의외로 감사하게 생각하는 일들도 많이 보입니다. 그래서 오늘이 더 중요하다는 것을 깨닫게 됩니다.

유언은 거창한 것이 아니어도 됩니다. 일상에서 느낄 수 있는 사소한 것이라도 괜찮습니다. 그런 의미에서 미국 희극배우 잭 베니의 유언은 시사하는 바가 큽니다. 잭 베니가 세상을 떠난 후 그의 아내에게는 날마다 장미꽃이 배달되었습니다. 아내는 꽃을 보낸 이가 누구인지 궁금해 꽃집에 전화를 걸었고 꽃집 주인은 이렇게 대답했습니다.

"베니 씨의 유언으로 장미꽃을 보내고 있습니다. 그는 아내가 살아 있는 동안 날마다 장미꽃을 꼭 보내드리라고 제게 유언을 남겼습니다."

사소한 것이지만 남편의 사랑이 전해지는 감동적인 유언임에 틀림없습니다. 유산상속과 같은 거창한 것은 아니지만 마음을 따듯하게 하는 유언입니다. 이런 유언을 생각하며 사랑하는 사람의 모습을 떠올려보십시오. 이렇듯 사랑하는 사람과 이별을 준비하는 동안 우리는 새로운 눈으로 인생을 바라볼 수 있습니다. 인생의 의미를 되짚게 해줍니다. 정말 소중한 것이 무엇인지 발견할 수 있게 합니다.

이 글을 읽고 나면, 자신의 묘비명과 유언장을 어떻게 쓸 것인지 생각해보세요. 그리고 바로 펜을 들어 소중한 삶의 가치를 남겨보세요. 그러면 죽음이 끝이 아니라, 새로운 시작을 살도록 이끌어줄 것입니다.

죽어서 어떤 사람으로 기억되고 싶은가?

- 피터 드러커 -

## 인생의 겨울을 견뎌내기
### 푸시킨

● 추운 겨울이 오면 온 세상이 얼어붙습니다. 흐르는 계곡의 물도 얼어붙고, 열매를 가득 맺었던 땅들도 꽁꽁 얼어버립니다. 나무들은 앙상한 가지만을 남긴 채 생명을 유지하기 위해 안간힘을 씁니다. 찬란한 꽃을 피웠던 꽃나무들도 차가운 겨울을 빗겨가지 못합니다. 언제 꽃을 피웠는지 잊은 채 볼품없이 대지에 기대 서 있을 뿐입니다. 도저히 생명이 살아갈 수 없는 겨울을 보면 마음까지 차가운 바람이 불어 스산하게 만들어버립니다.

의도치 않게 찾아온 인생의 겨울도 자연에서 느끼는 현상과 다를 바 없습니다. 온기를 느낄 수 없는 차가운 인생의 겨울은 삶 자체가 고역입니다. 하루의 삶을 살아가는 것이 아니라 마지못해 연명하기에 급급할 따름이지요. 어디에서도 희망의 줄기를 찾을 수 없는 겨울은 암담

합니다. 숨 쉬는 순간조차 버거울 정도입니다.

 하지만 세상을 현미경으로 관조하다 보면 이야기가 달라집니다. 모든 것이 숨을 쉴 수 없을 것 같은 차가운 겨울이지만 생명은 살아 숨 쉬고 있기 때문입니다. 다가올 봄을 위해 견디고 있다는 표현이 더 정확할지도 모르겠습니다. 칼날처럼 살을 에는 바람을 견뎌내고 얼음과 눈의 무게를 견뎌냅니다. 냉혹한 현실에서도 생명을 유지하기 위해 나름 치열한 전투를 벌이고 있는 것입니다. 겉으로 보이지는 않지만 아주 조금씩 순을 돋우어내고 싹을 틔우기 위해 살아내고 있습니다. 영원히 지나가지 않을 것 같은 시린 겨울에도 묵묵히 하루를 살아내고 한 달을 살아내며 겨울을 이겨냅니다. 그렇게 견디다 아지랑이가 올라오는 봄에 앙상한 가지에서 찬란한 싹을 틔워냅니다.

 인생의 겨울도 다르지 않습니다. 비록 눈에 보이는 희망은 없을지라도 오늘을 견디다 보면 인생의 봄은 반드시 찾아오기 때문입니다. 차가운 겨울을 나는 생명의 나무들이 봄을 맞이하기 위해 가장 치열하고 의연하게 살아간 것처럼 우리도 의연하게 견뎌내면 되는 것입니다. 차가운 겨울에 싹을 틔우기 위해 애쓰기보다 견뎌내는 지혜가 필요합니다. 그러면 인생의 아지랑이가 피어오를 시기를 맞이할 테고 그때 순을 돋우고 싹을 틔우면 됩니다.

 박완서 작가는 전쟁의 쓰라린 고통 속에서 인생의 겨울을 맞습니다. 그것은 오빠 때문이었습니다. 오빠는 한때 좌익으로 활동하다 서울 수복 후 배신자로 전락합니다. 그 과정에서 온갖 수모를 겪습니다. 1·4 후퇴 때는 텅 빈 서울에 부상당한 오빠와 늙은 엄마, 연년생 아기를 둔

올케와 남겨집니다. 그 과정을 『그 많던 싱아는 누가 다 먹었을까』의 마지막 장면에 이렇게 밝힙니다.

"그때 문득 막다른 골목까지 쫓긴 도망자가 휙 돌아서는 것처럼 찰나적으로 사고의 전환이 왔다. 나만 보았다는 데 무슨 뜻이 있을 것 같았다. 우리만 여기 남기까지 얼마나 많은 고약한 우연이 엎치고 덮쳤던가. 그래, 나 홀로 보았다면 반드시 그걸 증언할 책무가 있을 것이다. 그거야말로 고약한 우연에 대한 정당한 복수다. 증언할 게 어찌 이 거대한 공허뿐이랴. 벌레의 시간도 증언해야지. 그래야 난 벌레를 벗어날 수가 있다. 그건 앞으로 언젠가 글을 쓸 것 같은 예감이었다. 그 예감이 공포를 몰아냈다."

인생의 차가운 겨울, 벌레의 시간에서 작가의 꿈을 품은 것입니다. 그리고 『나목』으로 화려하게 등단하게 됩니다. 박완서 작가에게 그런 시련이 없었다면 우리는 한국전쟁 중에 겪은 고통을 실감 나게 만날 수 없었을 것입니다.

여기 우리가 살아가는 인생의 의미를 담고 있는 한 편의 시가 있습니다. 알렉산드르 푸시킨의 '삶이 그대를 속일지라도'라는 시를 통해 인생의 겨울을 견뎌내는 지혜를 배웠으면 합니다.

## 삶이 그대를 속일지라도

알렉산드르 푸시킨

삶이 그대를 속일지라도 슬퍼하거나 노하지 말라

슬픈 날엔 참고 견디라 즐거운 날이 오고야 말리니

마음은 미래를 바라느니 현재는 한없이 우울한 것

모든 것 하염없이 사라지나 지나가버린 것 그리움되리니


삶이 그대를 속일지라도 노하거나 서러워하지 말라

절망의 나날 참고 견디면 기쁨의 날 반드시 찾아오리라

마음은 미래에 살고 현재는 언제나 슬픈 법

모든 것은 한순간 사라지지만 가버린 것은 마음에 소중하리라


삶이 그대를 속일지라도 슬퍼하거나 노하지 말라

우울한 날들을 견디며 믿으라 기쁨의 날이 오리니

마음은 미래에 사는 것 현재는 슬픈 것

모든 것은 순간적인 것, 지나가는 것이니

그리고 지나가는 것은 훗날 소중하게 되리니


삶이 그대를 속일지라도 슬퍼하거나 노하지 말라

설움의 날을 참고 견디면 기쁨의 날이 오고야 말리니

인생은 어려움을 극복하고 성공을 향해 한 걸음씩 나아가고,
새로운 소망을 품고 그 소망을 보고 기뻐하는 것 이상의 즐거움을 주지 않는다.

- 사무엘 존슨 -

숨 쉬는 한, 희망해야 한다
키케로

● 희망을 갖기 어려운 시대에 살고 있습니다. 여기저기서 희망을 찾아볼 수 없다고 아우성입니다. 학생, 청년, 중년, 노인에 이르는 모든 사람이 힘겨워합니다. 정치, 경제, 교육을 막론하고 희망을 노래할 수 있을 만한 곳이 없다는 것이 비극으로 다가옵니다. 어떤 학자는 우리의 현실을 '아포리아$^{Aporia}$'로 규정합니다. 아포리아는 그리스어로 '통로가 없는 것', '길이 막힌 것'이라는 뜻입니다. 즉, 어떻게 할 수 없는 상태, 암울하고 희망이 없는 상황이라는 것이지요.

'개천에서 용 났다'고 기뻐했던 때가 있었습니다. 어떤 환경에서든 자신이 걸어갈 길에 최선을 다해 노력하면 기회가 주어졌고 그 분야에서 우뚝 설 수 있었습니다. 학연, 지연, 혈연을 떠나 실력 하나로 성공적인 인생을 살 수 있었습니다.

하지만 지금은 개천에서 용이 날 수 없는 시대라고 한탄합니다. 학연, 지연, 혈연으로 쳐놓은 굳건한 장벽 때문입니다. 그러다 보니 아포리아의 현실을 뚫고 나갈 만한 용기와 힘을 점점 더 상실하고 있습니다.

희망이 없는 것만큼 절망적인 것이 있을까요? 추운 겨울을 견뎌낼 수 있는 힘은 반드시 봄이 찾아올 것을 알고 있기 때문입니다. 앙상한 가지만 남아 있어도 견뎌낼 수 있는 것은 마른 가지에서 순이 돋고 싹이 날 때가 올 것이라는 것을 알기 때문이지요. 절망적인 상황에서도 희망을 바라보기에 살아갈 수 있는 것입니다. "왜 살아야 하는지 아는 사람은 그 어떤 상황도 견딜 수 있다."는 니체의 말처럼 희망은 견딜 수 있는 힘을 제공합니다. 그러기에 우리는 암울한 현실이지만 희망을 노래해야만 합니다.

고대 로마의 정치가 마르쿠스 툴라우스 키케로는 희망을 노래하며 살아가기 위해서 이런 말을 했습니다.

"숨 쉬는 한, 나는 희망한다$^{Dum\ spiro,\ spero}$."

숨을 쉬고 있는 순간에 우리는 희망하고 그 희망을 쟁취하기 위해 힘쓰는 인생을 살아야 합니다. 그것이 우리에게 주어진 숙명이고 거부할 수 없는 진리라는 것이지요.

암울했던 역사를 되돌아보면 알 수 있습니다. 한 나라의 독재자로부터 자유를 얻고 해방될 수 있었던 것은 희망을 포기하지 않고 투쟁했기 때문입니다. 그래서 우리는 투쟁해야 합니다. 그렇다면 어떻게 투쟁해야 할까요?

 먼저 내면의 힘을 키워야 합니다. 자신이 누구인지 어떤 방향을 향해 달려가는지, 어떻게 살아갈 것인지, 어떻게 죽음을 맞이할 것인지에 대한 답을 찾는 과정에서 내면의 힘은 생깁니다. 변하지 않는 현실에 원망을 늘어놓고 불평하는 게 아니라 다시 한 번 내면을 살펴 나아갈 힘을 비축하고 만들어야 합니다. 그럴 때 삶의 변화를 위한 힘이 생기고 용기를 가지고 나아갈 수 있습니다.

 더불어 우리가 관심을 가져야 하는 곳은 사회입니다. 우리는 사회라는 공동체에서 살아갈 수밖에 없으므로, 사회에 희망이 없으면 개인의 희망도 없습니다. 사회 현실을 진단하고 그 해결책을 이야기한 책 『희망, 살아 있는 자의 의무』에서 지그문트 바우만은 이렇게 말했습니다. "새로운 시대에는 이전과는 다른 삶의 양식과 사회적 비전이 필요하지요. 그리고 진정한 배움이란 실패의 위험을 감수하는 결단이며, 견고한 지평을 뒤흔드는 도전이어야 합니다. 이상하게 들릴지 모르겠지만, 바로 이 지점에 희망이 자리하는 것입니다. 시대는 끊임없이 바뀌지만 그 속에서 누군가는 끝없이 파도를 거슬러 헤엄치고자 노력했고, 당대의 지배적 사유를 거스르고자 하는 노력을 포기하지 않았지요. 역사상 가장 중요한 도전에 직면해 있는 지금, 우리는 혁명적 배움과 삶의 기술을 체득하여 닿을 수 있는 미래를 향한 희망의 싸움을 멈추지 않아야 할 것입니다."

 아무리 길이 보이지 않는다고 해도 희망의 싸움을 멈추지 말아야 한다는 것입니다.

『삼총사』의 저자 알렉상드르 뒤마도 원하는 목적을 달성할 때까지 인내하는 힘이 필요하다고 말합니다.

"신이 인간에게 미래를 밝혀주실 그날까지 인간의 모든 지혜는 오직 다음 두 마디 속에 있다는 것을 잊지 마십시오. 기다려라! 그리고 희망을 가져라!"

이 말의 의미를 되새기며 오늘을 살아갔으면 합니다. 숨 쉬는 한, 희망의 불씨는 언제나 살아 있습니다. 그 불씨를 밝히는 날 찬란한 불꽃을 피우면 됩니다. 그때까지 어떤 일이 있어도 희망을 잃지 말아야 합니다. 그거면 됩니다.

## 인용문 출처

p.17 『존재의 심리학』 에이브러햄 H. 매슬로 지음 | 정태연, 노현정 옮김 | 문예출판사 | 2005
p.22, 73, 78, 107, 174, 233 『논어』 공자 지음 | 김형찬 옮김 | 홍익출판사 | 2005
p.23 『찰스 핸디의 포트폴리오 인생』 찰스 핸디 지음 | 강혜정 옮김 | 에이지21 | 2008
p.26 『월든』 헨리 데이비드 소로 지음 | 한기찬 옮김 | 소담출판사 | 2002
p.30 『고백록』 아우구스티누스 지음 | 최민순 옮김 | 바오로딸(성바오로딸) | 2010
p.33 『카라마조프 가의 형제들』 표도르 도스토예프스키 지음 | 김연경 옮김 | 민음사 | 2007
p.37 『소유냐 존재냐』 에리히 프롬 지음 | 차경아 옮김 | 까치 | 1996
p.38 『심플하게 산다』 도미니크 로로 지음 | 김성희 옮김 | 바다출판사 | 2012
p.40 『갈매기의 꿈』 리처드 바크 지음 | 김진욱 옮김 | 범우사 | 1998
p.46, 100 『연금술사』 파울로 코엘료 지음 | 최정수 옮김 | 문학동네 | 2001
p.53 『그리스인 조르바』 니코스 카잔차키스 지음 | 이윤기 옮김 | 열린책들 | 2009
p.69 『내 생애 단 한 번』 장영희 지음 | 샘터사 | 2010
p.79 『에밀』 장 자크 루소 지음 | 박호성 옮김 | 책세상 | 2003
p.87 『감정은 습관이다』 박용철 지음 | 추수밭(청림출판) | 2013
p.101 『실낙원』 존 밀턴 지음 | 이창배 옮김 | 동서문화동관(동서문화사) | 2013
p.108 『파우스트』 요한 볼프강 괴테 지음 | 정서웅 옮김 | 민음사 | 1999
p.111, 193 『이솝우화』 이솝 지음 | 천병희 옮김 | 도서출판 숲 | 2013
p.115 『위로』 이철환 지음 | 자음과모음(이룸) | 2011
p.119 '풀꽃' 나태주 시
p.119 '첫사랑'(『아픈 곳에 자꾸 손이 간다』에서) 이윤학 지음 | 문학과지성사 | 2000
p.120, 131 『장자』 장자 지음 | 오강남 옮김 | 현암사 | 1999
p.124 '그대에게 물 한 잔' 박철 시
p.126 『모리와 함께한 화요일』 미치 앨봄 지음 | 공경희 옮김 | 살림 | 2010
p.130, 205 『어린 왕자』 앙투안 드 생텍쥐페리 지음 | 박성창 옮김 | 비룡소 | 2000
p.135 『오늘 내가 살아갈 이유』 위지안 지음 | 이현아 옮김 | 예담 | 2011
p.136 『꾸뻬 씨의 행복 여행』 프랑수아 를로르 지음 | 오유란 옮김 | 오래된 미래 | 2004

p.141 『공감하는 능력』 로먼 크르즈나릭 지음 | 김병화 옮김 | 더퀘스트 | 2014
p.151, 188 『채근담』 홍자성 지음 | 김성중 옮김 | 홍익출판사 | 2005
p.151 『대학·중용』 주희 지음 | 김미영 옮김 | 홍익출판사 | 2015
p.155, 199 『아직도 가야 할 길』 M. 스캇 펙 지음 | 최미양 옮김 | 율리시즈 | 2011
p.159 '대추 한 알' 장석주 시
p.170 『마지막 강의』 랜디 포시, 제프리 재슬로 지음 | 심은우 옮김 | 살림 | 2008
p.174 『노자』 노자 지음 | 최재목 옮김 | 을유문화사 | 2006
p.175 『수상록』 미셸 드 몽테뉴 지음 | 손우성 옮김 | 동서문화동판(동서문화사) | 2007
p.175 『니코마코스 윤리학』 아리스토텔레스 지음 | 김재홍, 강상진, 이창우 옮김 | 길 | 2011
p.178 『로마에서 길을 잃다』 김미진 지음 | 해냄 | 2002
p.178 『1그램의 용기』 한비야 지음 | 푸른숲 | 2015
p.179 『나는 이렇게 될 것이다』 구본형 지음 | 김영사 | 2013
p.179 『프린세스 심플 라이프』 아네스 안 지음 | 위즈덤하우스 | 2007
p.182, 209 『고독의 즐거움』 헨리 데이비드 소로 지음 | 양억관 옮김 | 에이지21 | 2013
p.183 『베니스의 상인』 윌리엄 셰익스피어 지음 | 최종철 옮김 | 민음사 | 2010
p.189 『톨스토이의 행복 찾기』 레프 니콜라예비치 톨스토이 지음 | 강형구 옮김 | 일호플러스 | 2007
p.208 『젊은 시인에게 보내는 편지』 라이너 마리아 릴케 지음 | 김재혁 옮김 | 고려대학교출판부 | 2006
p.209 『고독을 잃어버린 시간』 지그문트 바우만 지음 | 조은평, 강지은 옮김 | 동녘 | 2012
p.223 『도덕경』 노자 지음 | 오강남 엮음 | 현암사 | 1995
p.228 『중년의 발견』 데이비드 베인브리지 지음 | 이은주 옮김 | 청림출판 | 2013
p.254 『소크라테스의 변명』 플라톤 지음 | 최현 옮김 | 범우사 | 2002
p.255 『힘든 선택들』 힐러리 로댐 클린턴 지음 | 김규태, 이형욱 옮김 | 김영사 | 2015
p.259 『연어』 안도현 지음 | 문학동네 | 1996
p.269 『장자』 장자 지음 | 오강남 옮김 | 현암사 | 1999
p.273 『인생 수업』 엘리자베스 퀴블러-로스, 데이비드 케슬러 지음 | 류시화 옮김 | 이레 | 2006
p.274 『생의 수레바퀴』 엘리자베스 퀴블러-로스 지음 | 강대은 옮김 | 황금부엉이 | 2009
p.288 『그 많던 싱아는 누가 다 먹었을까』 박완서 지음 | 세계사 | 2012
p.293 『희망, 살아 있는 자의 의무』 지그문트 바우만, 인디고 연구소 지음 | 궁리 | 2014

* 책에 인용한 문구는 한국문예학술저작권협회와 출판권을 가진 출판사, 시인 본인을 통해 저작권 동의를 얻어 수록했습니다. 게재를 허락해주셔서 감사드립니다. 출간 당시 저작권자 확인이 안 되어 허가를 받지 못한 작품은 추후 확인이 되는 대로 해당 저작권자의 동의를 얻겠습니다.